조혜숙의
한글로 배우는 중국어 2

한글로 배우는 중국어 2

2022년 9월 5일 초판 1쇄 발행

발행처	(주)똑똑한형제들
지은이	조혜숙
출판등록	제2022-000194호
주소	서울시 강남구 논현로2길 60, 2F
대표전화	02-334-0091
팩스	02-334-0092
정가	값 15,000원
ISBN	979-11-979521-3-5
	979-11-979521-1-1(세트)

ⓒ ddokddok brothers, 2022

이 책은 저작권법에 따라 보호를 받는 저작물이므로 무단복제와 무단전재는 법으로 금지되어 있습니다.
이 책 내용의 전부 또는 일부를 이용하려면 반드시 저작권자와 (주)똑똑한형제들의 서면동의를 받아야 합니다.

잘못된 책은 구입하신 곳에서 교환해 드립니다.

한글만 알면 누구나
쉽게 중국어를 마스터하는 신비한 비법!

조혜숙의
한글로 배우는 중국어 2

BBOK®
brothers

머리말

한국인이 배우기에 가장 쉬운 외국어는 중국어!

　지금까지 중국어를 떠올리면 한자랑 성조가 너무 어려워서 못 배우겠다는 선입견이 많았는데, 사실은 알고 보면 한국인이 배우기에 가장 쉬운 외국어는 중국어입니다. 영어를 배우는데 들였던 노력의 반의 반의 반만 들여도 아주 유창한 중국어를 할 수 있게 되는데, 단 전제는 중국어의 특징을 제대로 파악한, 제대로 된 학습법으로 공부해야 한다는 것입니다.

　저는 지난 20여년 간 한국인이 중국어를 빠르고, 쉽고, 재미있게 배울 수 있는 학습법을 연구해 왔으며, 그 결과 '그래 성조 학습법(특허번호 제10-1342953호)'과 '말하기 학습법(특허번호 제10-1844982호)'으로 2개의 특허를 획득하였고, 아이가 태어나 처음 언어를 배우는 원리를 차용한 '소리학습법'을 개발했습니다. 그리고 이 책은 중국어를 가장 쉽게 배울 수 있는 이 3개의 학습법이 모두 적용되었습니다.

특허1 　노래를 부르면서 쉽게 마스터한다! 그래 성조 학습법

　중국어의 가장 큰 특징은 '성조가 있다'는 것입니다. 성조는 중국어가 낯설고 어렵게 느껴지게 하는 가장 큰 원인이라서 저는 '그래 성조 학습법', 일명 '그래송'을 발명했습니다. 중국어에는 1성부터 4성, 그리고 경성이라는 성조가 있는데, '그래송'은 '1성+1성'부터 '4성+경성'까지 20개의 성조 조합을 노래하듯이 연습하도록 했습니다. 20개의 성조 조합인 '그래송'을 자유자재로 부를 수 있게 되면 중국어 문장을 중국 사람처럼 아주 잘 읽게 됩니다. '그래송'은 2013년 특허를 획득한 이래 이미 수많은 학습자들을 통해 검증된, 단언컨대 중국어 성조를 가장 쉽게 배울 수 있는 학습법입니다.

특허 2 모국어를 배우는 방법으로 중국어를 배운다! 소리학습법

중국어의 두 번째 특징은 문자가 한자라는 것입니다. 그런데 우리말의 60% 이상이 한자어이기 때문에, 한국인은 중국어를 전혀 배운 적이 없어도 이미 많은 중국어 어휘들을 알고 있습니다. 따라서 중국어를 배울 때 다른 나라 사람들은 아주 어려워할 단어를 우리는 성조의 느낌만 살려서 몇 번 읽게 되면 쉽게 그 말을 익힐 수 있게 됩니다. 이 책에서는 먼저 반복 읽기를 통해서 중국어 발음과 성조에 충분히 익숙해진 다음, 그 익숙해진 음이 어떤 문자(한자)인지를 알게 하는 '소리 학습법'을 채택하고 있습니다. '소리 학습법'으로 학습하면 특히 한국인은 아주 쉽게 중국어를 배울 수 있고 한자도 떠올리고 쓸 수 있게 됩니다.

특허 3 패턴으로 익히면 어법 끝! 말하기 학습법

중국어는 '은/는/이/가/을/를'과 같은 조사가 없고, 동사 변화도 없다는 특징이 있습니다. 따라서 중국어는 그저 아는 단어를 알맞은 자리에 배치해 주면 바로 회화가 되기 때문에, '패턴'으로 학습하기에 최적의 언어입니다.

이 책은 '패턴'을 통한 반복 읽기만으로 어법을 마스터하는 '말하기 학습법'을 채택하고 있습니다. 단어의 기본자리 배치를 패턴으로 구성하여 일상생활에서 가장 많이 쓰이는 회화 문장과 함께 익히게 함으로써 아는 단어를 갈아 끼우기만 하면 즉시 바른 어법으로 말할 수 있는 중국어 실력을 키울 수 있게 하였습니다.

부디 이 책으로 중국어를 배우시려는 모든 분들이 쉽고 재미있게 중국어 회화를 구사하실 수 있기를 바랍니다.

수강생들의 추천사

★★ 중국어만 28년 넘게 연구한 조혜숙 선생님이 이번에는 〈한글로 배우는 중국어〉교재를 만들었다고 하니 정말이지 기대가 되고 반갑습니다. 저도 동생인 조혜숙 선생님께 중국어를 배웠는데요, 제가 처음 중국어를 배울 때는 '그래 성조 학습법'도 없었고, '말하기 학습법', '소리학습법', '한글중국어' 아무것도 없었지만 동생이 잘 가르친다고 생각했는데 여러분들은 훨씬 더 발전된 학습법으로 배우시니 좋으시겠어요. ㅎㅎㅎ

제 동생이라서 이렇게 말하는 것이 아니고 중국어는 정말이지 조혜숙 선생님만큼 재밌고 쉽게 가르치는 분은 아직 못 봤습니다. 학생들이 보다 쉽고 재미있게 중국어를 배울 수 있도록 끊임없이 노력하는 조혜숙 선생님 참 믿음직합니다. 중국어는 배우고 싶은데 엄두가 안 나서 시작도 못하고 있다면 지금 바로 〈한글로 배우는 중국어〉로 시작해보세요. 재미로 시작해서 나중엔 엄청난 실력가가 될 것이라고 확신합니다.

조혜련(방송인)

★★ 유쾌! 상쾌! 통쾌! 광고에서 들어본 단어이지 않은가~

그런데 여기에 그런 단어가 저절로 떠오르는 이가 있다. 조혜숙 선생님이 그런 분이다. 우연한 기회에 Edutv 방송에서 조혜숙 선생님을 만났다. 초보 중에 왕초보! 성조가 뭔지, 병음이 뭔지 하나도 모르고 한자는 더더욱 자신 없는데 한글만 알면 된다고 하니 나도 한 번 도전해볼까 하는 생각이 들었다.

먼저 그래송으로 성조를 익히고, 부담 없이 한글로 발음을 충분히 익히게 한 다음, 병음을 공부하고, 그런 다음 한자를 단계적으로 공부하니 이제는 한자도 제법 모양새를 갖춰 써진다. 이런 공부 과정이 어렵지 않고 재미있게 느껴지니 참 신기할 노릇이다. 설명을 쉽고 유머 있게 하시니 귀에 쏙쏙 들어오고 그 어렵던 한자가 재미있어 감탄이 절로 난다. 그만큼 탄탄하게 가르쳐 주신다. 나중에 알았지만 후배 코미디언 조혜련의 동생이시란다. 어쩐지~ 유모어가 남다르시더라니~~~ 최고의 선생님을 만난 나는 정말 행운이고 복이 많은 사람이다. 중국드라마를 볼 때 자막 없이 보는게 꿈이다. 그때까지 我要努力学习！(저 열심히 공부할 거예요!)

변아영(방송인)

★★ 〈한글로 배우는 중국어〉 복잡하고 어렵다고 생각하는 이 중국어를 또 얼마나 재밌고 쉽게 풀어내셨을까! 벌써부터 기대가 됩니다. 중국어를 배우고 싶다는 마음은 항상 있었지만 바쁘게만 살다 보니 이제 정말 더 늦으면 안 되겠다! 지금이다! 생각해서 중국어를 배우려 선생님을 찾던 중 유창하게 중국어를 하시는 방송인 조혜련 선배님께서 소개해 주셔서 인연이 된 혜숙샘! 혜숙샘과의 수업시간은 늘 즐겁고 좋은 에너지를 받습니다. 단순히 수업으로 그치지 않고 중국어를 사랑할 수 있게끔 만들어 주시는 대단한 능력! 한자가 너무 어렵고 복잡해 회화만 하려고 했던 제가 이제는 한 자 한 자 뜻을 알고 익히며 이해하는 방식으로 공부를 하다 보니, 다음번에 같은 부수가 나오면 어떤 뜻인지 유추가 가능하더라구요. 한자를 자세히 보면 뜻과 발음이 있고, 중국어를 이해하기가 훨씬 쉬워진다는 사실을 가르쳐 주신 혜숙 샘!

칭찬도 아낌없으시고, 잘 맞춰 주셔서 편안하게 중국어를 대할 수 있게 해주셔서 참 감사합니다. 한글로 배우는 중국어 출간 너무 축하 드리고, 혜숙샘 앞으로도 잘 부탁드려요! 덕분에 중국어가 너무 재미있습니다!♡

윤정인(별사랑,가수)

★★ 화장품 비즈니스를 하면서 세계에서 가장 큰 단일시장인 중국은 결코 제외시킬 수 없는 나라라고 생각했습니다. 어떻게 하면 지치지 않고, 그리고 좀 더 재미있게 중국어를 공부할 수 있을까? 이 질문의 해답이 조혜숙 선생님과의 수업이었습니다.

지인의 소개로 초급부터 차근차근 공부를 진행하면서, 머리속으로 '이런 문장은 중국어로 어떻게 표현할까?', '이런 표현은 어떻게 쓰면 좋을까?' 이제는 점점 자신이 붙는 자신을 발견하고 뿌듯함을 느끼게 되었습니다.

이번에 〈한글로 배우는 중국어〉 교재를 출간하신다고 하니, 중국어를 하나의 커다란 벽으로 생각하는 많은 분들에게 지름길로 인도하는 좋은 교재가 될 것이라는 생각이 듭니다.

감히, 전적으로 조혜숙 선생님을 믿고 꾸준히 공부한다면 나 자신도 평소에 부러워하던 사람처럼 중국어를 훨씬 편하게 구사하는 시기가 올 거라고 확신합니다.

김대욱(기업인)

★★ 중국 관련 업무로 인해 중국 출장의 기회가 많았지만 중국어를 배운다는 것은 엄두가 나지 않았습니다. 듣기만 해도 어려운 성조, 보기만 해도 머리 아픈 한자가 배우고 싶은 열망보다는 도망가고 싶은 마음만 키웠으니까요.

그러다 우연한 기회로 조혜숙 선생님을 만나게 되고 지금 수업을 받게 되었죠. 그런데 제가 성조에 맞춰 발음을 하고 병음을 읽고 한자를 읽을 수 있게 되었습니다. 너무 쉽고 재미있게 가르쳐 주시는 것은 물론, 더 중요한 것은 실제로 사용하는 문장을 패턴 중심으로 알려주시는 덕분에 활용성이 높다 보니 이해도 빠르고 습득도 잘 되더라고요. 저희 아이가 고등학교에서 제 2외국어로 중국어 선택을 했는데 제가 아이보다 훨씬 더 잘하게 되었어요.^^

이렇게 좋은 교육 방법을 〈한글로 배우는 중국어〉를 통해 더 많은 사람들에게도 전파가 될 수 있다니 너무 축하 드립니다. 저는 교재가 없어서 프린트로 공부하는데 여러분들은 좋으시겠어요!^^

하희란(직장인)

★★ 일단 저의 중국어에 대한 처음 느낌을 말하자면 너무 어렵다는 생각이 들었습니다. 하지만 엄마가 조혜숙 선생님을 강력하게 추천해 주며 배우라고 했을 때, 전세계 인구 중에서 중국인이 제일 많고 앞으로 전망이 있을 것 같아서 그냥 배워야겠다는 생각을 하고 시작하게 되었습니다. 선생님과 중국어를 처음 공부했을 때는 뭐가 뭔지 진짜 하나도 몰랐습니다. 하지만 선생님께서 끊임없이 친절하게 칭찬해 주셔서 자신감이 생겼고 그래서 집중할 수 있었고 그 결과 지금은 그 복잡했던 중국어가 조금씩 보이기 시작하더니 지금은 한자만 보고도 잘 읽을 수 있습니다. 제가 이렇게 지속할 수 있었던 가장 큰 원인은 무엇보다도 선생님이 재미있게 수업을 해 주셔서 그런 것 같습니다. 당신이 이 책을 보고 있을 땐 제가 중국어를 다 마스터를 했을지도 모르겠습니다! 하하하!

정영우(방배초6)

★★ 중국 거래처와의 비지니스를 10년째 하면서도 너무 어려울 거라는 생각에 시작도 못하고 있었는데 중국어를 수준급으로 구사하는 절친으로부터 추천을 받아 조혜숙 선생님과 수업을 한 지 벌써 1년 넘었습니다. 이렇게 1년을 넘게 중단하지 않고 계속 중국어 공부를 이어올 수 있었던 것은, 먼저 조혜숙 선생님의 재미있고 활기찬 에너지와 새롭고 쉬운 강의 방법 덕분이라고 생각됩니다. 기초중국어 두 권을 배우고 지금은 〈자전거방 이야기〉라는 책으로 공부하고 있는데, 소리를 먼저 듣고 아는 단어로 상황을 이해하고 추측하게 하는 새로운 학습방법으로, 내용을 집중할 수 있게 하고 빨리 외워지며 재미가 있습니다.

이번에 선생님께서 〈한글로 배우는 중국어〉 교재를 출판하신다고 하니 축하 드리고 많은 기대가 됩니다. 재미와 학습 효과가 아주 뛰어난 책임에 틀림없을 겁니다. 재미있고 쉽게 그리고 꾸준히 중국어를 공부하고 싶다면 저는 조혜숙 선생님의 이 책을 강력히 추천해드립니다.

권기현(기업인)

★★ 제가 독학으로 중국어를 배워보려고 했는데 어떻게 해야 할지 몰라 어려웠는데 아빠 소개로 조혜숙 선생님과 1:1 화상수업을 하게 되었습니다. 일주일에 한 번은 조혜숙 선생님과 수업을 하고 한 번은 원어민 선생님과 회화 수업을 하는데, 조혜숙 선생님과 공부하면 중국어가 너무 빨리 이해가 되고 쉽고 재미있고 또 원어민선생님이 제 말을 알아듣고 발음이 좋다고 칭찬해 주시니 너무 신납니다. 다른 친구들한테 소개해주고 싶을 정도로 정말 신나고 재미있어요!

앞으로 중국어 잘해서 중국에 꼭 놀러갈 거예요. 조혜숙 선생님과 함께 중국어 공부해서 너무 행복합니다.

배시온(공연초6)

이 책의 학습법

이 책은 한글만 알면 누구나 쉽고 재미있게 중국어를 공부하는 **신기한 중국어 책입니다!**

**중국어를 먼저 한글로 배워서 너무 쉬워요!
성조, 병음, 문법, 한자**(한배중 1+2+3=1,000개) **마스터!**

이 책을 가장 효과적으로 사용하는 방법은 동영상과 함께 학습하는 것입니다!
* 동영상은 chailink.net에서 보실 수 있습니다

사범 조혜숙 쌤만의 특허 받은 4단계 말하기 학습법으로 중국어를 쉽고 재미있게 배워요!

1단계	어려운 성조, 발음을 한글로 여러 번 읽어 입에 붙여요.

2단계	한글로 조금 친숙해진 패턴 표현을 병음을 익히면서 여러 번 읽어 입에 익혀요.

3단계	익숙해진 패턴 표현을 한자를 보고 읽고 낯선 한자는 조혜숙 사범을 따라 두 번 써요.

4단계	배운 단어와 5문장을 신나는 박자에 맞춰 복습해요!

* 말할 때마다 조혜숙 사범을 따라 손동작으로 성조를 표시해요. 성조를 외우지 않아도 저절로 알게 되거든요. 운동도 돼서 다이어트 효과가 있습니다!

 ## 그래송 🎵♪

먼저 그래송으로 성조를 즐겁게 연습하고,
같은 내용을 3단계로 나눠서 공부하니 쉽게 느껴지겠죠?

한글중국어	→	병음중국어	→	한자중국어
한글로 반복해서 읽고		병음(알파벳)으로도 소리를 친숙하게 익혀요.		눈에 익히고 반복해서 한자로 써요.

■ 한글중국어

한글로 중국어 발음을 쉽게 표기해요! 중국어 문자는 뜻을 표기하는 표의문자인 한자입니다. 그래서 중국어는 발음을 알파벳에 성조를 같이 넣어서 표기하는데 이를 한어병음이라고 합니다.

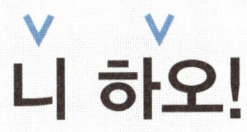
니 하오!
안녕하세요

그런데 한어병음 읽기와 영어 읽기가 30% 정도 다르기도 하고, 만약 한글로 중국어를 표현할 수 있다면 우리나라 사람들은 참 쉽게 중국어를 배울 수 있을 것입니다. 그래서 한글중국어를 생각하게 되었습니다. 한글을 아는 사람이라면 누구나 어느 연령을 막론하고 모두 다 쉽게 학습할 수 있습니다.

그런데 중국어 발음에는 한글로 표현이 잘 안되고 구분해서 표기해야 할 발음 9개가 있는데, 아래와 같이 표기하기로 약속하고 주의해서 읽는다면 한글로도 중국어를 모두 표현할 수 있습니다.

한글로 표현이 안 되고 구분해야 할 중국어 발음 한글 표기				
권설음	zhi	chi	shi	ri
혀를 동그랗게 한 모양을 본 따서 ㅇ을 ㅈ,ㅊ,ㅅ 앞에 넣어 표기 권설음 ri는 'ㄹ' 소리가 강하니까 'ㄹ'을 두 번 써서	ᅇᅐ	ᅇᅕ	ᅇᄉ	ᄙ
설치음	zi	ci	si	
권설음 ᅇᅐ, ᅇᅕ, ᅇᄉ, ᄙ로 구분했으니까 설치음은 그대로 ㅉ, ㅊ, ㅆ	ㅉ	ㅊ	ㅆ	
'ㅍ'으로만 표현되는 발음		p		f
영어에서 p와 f를 구분해서 발음하는 것과 마찬가지로 발음하세요		ㅍ		ㅇㅍ 입 모양이 동그랗게 되니까 'ㅍ' 앞에 'ㅇ'을 넣어 표기

* 권설음은 영어의 r을 발음하듯 혀끝을 입천장에 댔다가 공기를 내보내면서 'zhi 쯔, chi 츠, shi 스, ri 르' 소리를 냅니다.
* 설치음을 발음할 때 혀의 위치는 안타까운 상황을 보고 '쯧쯧쯧' 혀를 찰 때의 위치로 'zi 쯔, ci 츠, si 쓰'하고 발음합니다.

■ 병음중국어

한글로 익숙해진 중국어 발음을 한어병음으로도 표기해요!

● 한글로도 중국어 발음을 표기할 수 있는데 굳이 알파벳을 사용한 한어병음을 알아야 하나요?

Nǐ hǎo!
안녕하세요!

우리가 한글을 배우듯이 중국 사람들도 어렸을 때 한자의 발음 기호인 병음(알파벳에 성조를 더함)을 배워요. 또 컴퓨터나 핸드폰에서 한자를 칠 때 주로 사용하는 것이 한어병음이기 때문에 반드시 알아야합니다.

● 병음읽기와 영어 파닉스 읽기는 완전히 다른가요?
70%는 같고 30%는 달라요. 예를 들어, 'e'를 '으어'라고 발음하고, 권설음인 zhi, chi, shi, ri를 한글중국어로 표현이 안 되서 쯔, 츠, 스, 르라고 표기한 것과 같이 영어와는 달라서 따로 학습을 해야 하지만, 이 책에서는 한글 중국어를 먼저 배우고 병음 중국어를 공부하기 때문에 별도로 학습하지 않아도 저절로 알게 됩니다.

■ 한자중국어

한어병음으로 익숙해진 중국어를 한자로 써보아요!

你好!
안녕하세요

● 우리나라말처럼 발음만 쓸 줄 알고 말만 잘하면 되지 그 어려운 한자를 꼭 쓸 줄 알아야하나요?
중국어는 우리나라말과는 다르게 문자가 한자예요. 어떻게 발음하는지를 한글이나 병음으로 쓸 줄 아는데 한자를 쓸 줄 모르는 것은 우리가 말은 할 줄 아는데 한글을 못 쓰는 것과 같아요. 그러니 처음에는 익숙하지 않아 복잡하고 어렵게 느껴지겠지만 그림 그린다고 생각하고 재미있게 한 글자 한 글자 쓰다 보면 어느새 한자와 친해지게 될 거예요. 그리고 우리나라 말에 원래 한자인 경우가 60%이상이기 때문에 한자를 공부하면 한국어 어휘도 풍부해진답니다.

- 목 차 -

머리말 4
수강생들의 추천사 6
이 책의 학습법 10

Chapter 1 의문사 패턴

01 누가 담임선생님인가요? 누구 | 谁 18
02 당신 무슨 책 보시나요? 무엇 | 什么 20
03 언제 집에 가? 언제 | 什么时候 22
04 어떤 것이 제 것인가요? 어느 | 哪 24
05 너 오전에 어디 가? 어디 | 哪儿 26
06 어제 너 어디 있었어? 어디 | 哪里 28
07 나 어떻게 해? 어떻게 | 怎么 30
08 날씨 어때요? 어때 | 怎么样 32
09 당신 왜 웃어요? 왜 | 为什么 34
10 몇 월 몇 일에 개학해요? 몇, 얼마 | 几 36
11 비밀번호가 어떻게 돼요? 몇, 얼마 | 多少 38
12 이거 얼마예요? 얼마예요? | 多少钱 40
13 맞아요 안 맞아요? A이니 아니니? | A不A? 42
14 당겨요 아니면 밀어요? A 아니면 B? | A还是B? 44

Chapter 2 了, 着, 过 패턴

15 저 퇴근했어요. ~했다(완료) | 동사+了 48
16 그녀는 수업 안 끝났어요. ~하지 않았다 | 没+동사 50
17 감사합니다. 변화, 어감을 나타냄 | ~了 52
18 저 여기 와봤어요. ~한 적 있다 | 동사+过 54

19	저 거기 안 가봤어요.	~한 적 없다 ǀ 没+동사+过	56
20	문이 열려 있어요.	~한 상태이다 ǀ 동사+着+(呢)	58

Chapter 3 능원동사 패턴

21	내가 너 중국어 가르쳐 줄 수 있어.	~할 수 있다 ǀ 能	62
22	제가 당신 영어 가르칠 수 없어요.	~할 수 없다 ǀ 不能	64
23	앉아도 될까요?	~해도 된다, ~할 수 있다 ǀ 可以	66
24	저 수영할 줄 알아요.	~할 줄 알다 ǀ 会	68
25	저 운전할 줄 몰라요.	~할 줄 모르다 ǀ 不会	70
26	그는 후회할 거예요.	~일 것이다 ǀ 会~(的)	72
27	주문할게요.	~하려고 하다 ǀ 要	74
28	저 아프리카 가고 싶어요.	~하고 싶다 ǀ 想	76
29	나 유럽에 가고 싶지 않아.	~하고 싶지 않다 ǀ 不想	78

Chapter 4 부사 패턴

30	저도 알아요.	~도 ǀ 也	82
31	그들은 다 너를 환영해.	다, 모두 ǀ 都	84
32	저 회의 중입니다.	~하고 있는 중이다 ǀ 在~(呢)	86
33	그녀는 이미 취업했어요.	이미, 벌써 ǀ 已经	88
34	그는 아직 점심을 안 먹었어요.	아직 ǀ 还	90
35	다른 거 더 필요하세요?	더, 또 ǀ 还	92
36	우리 다시 약속 잡자!	다시 ǀ 再	94
37	너 또 지각했어!	또, 다시 ǀ 又	96
38	그는 틀림없이 성공할 거예요.	틀림없이 ǀ 一定	98
39	곧 출발할 거예요.	곧 ~하다 ǀ 马上就...了	100

Chapter 5 전치사 패턴

40	나 집에서 쉬어.	~에서 ǀ 在	104
41	그가 나에게 선물을 사주었어요.	~에게 ǀ 给	106

42	나 너랑 같이 수업할래.	~랑, ~와	跟	108
43	입을 벌리세요.	~을/를	把	110
44	나 서비스에 만족해.	~에 대해 만족하다	对+무엇+满意	112
45	나는 역사에 흥미가 있다.	~에 대해 흥미가 있다	对+무엇+有兴趣	114
46	네가 나보다 세심해.	~보다	比	116
47	그녀는 너를 위해 기도해 줄 거야.	~위해	为	118

Chapter 6 이중목적어 패턴

48	그가 나에게 핸드백을 (선물로) 주었다.	A에게 B를 선물하다	送+A+B	122
49	내가 너에게 연필 빌려줄게.	A에게 B를 빌려주다	借+A+B	124
50	비누 돌려 줄게.	A에게 B를 돌려주다	还+A+B	126
51	그는 나에게 프랑스어를 가르쳐줘요.	A에게 B를 가르치다	教+A+B	128
52	그가 나에게 주소를 물었어요.	A에게 B를 묻다	问+A+B	130
53	내가 너에게 비밀 하나를 알려 줄게.	A에게 B를 알려주다	告诉+A+B	132

Chapter 7 겸어문 패턴

54	내가 너 밥 사줄게.	겸어가 동사할 것을 청하다	请+겸어+동사	136
55	그가 나에게 계산하라고 했다.	겸어에게 동사하라고 하다	让+겸어+동사	138
56	나는 그에게 지아오즈를 만들라고 했다.	겸어에게 동사하라고 하다	叫+겸어+동사	140
57	내가 너 드는 거 도와 줄게.	겸어가 동사하는 것을 돕다	帮+겸어+동사	142
58	너랑 같이 퇴근하려고 기다리고 있어.	겸어랑 동사하려고 기다리다	等+겸어+동사	144
59	같이 저녁밥 먹어 줄게.	겸어와 같이 동사해주다	陪+겸어+동사	146
60	행복하시기를 빌어요.	당신이 ~하기를 빌다	祝你+내용	148

부록 衣의食식住주 필수단어 모음   151

Chapter 1

의문사 패턴

01 누가 담임선생님인가요?
谁是班主任?

谁 | 누구

한글중국어	병음중국어
웨이 쓰 빤주런?	Shéi shì bānzhǔrèn?
웨이 쓰 니 푸친?	Shéi shì nǐ fùqin?
웨이 쓰 니 무친?	Shéi shì nǐ mǔqin?
웨이 쓰 타 쨩푸?	Shéi shì tā zhàngfu?
웨이 쓰 타 치즈?	Shéi shì tā qīzi?

단어
谁 shéi 누구 / 班主任 bānzhǔrèn 담임선생님 / 父亲 fùqin 아버지

'谁 shéi'는 '누구'라는 뜻의 의문사입니다. 중국어의 의문사는 영어처럼 의문사를 문장 앞으로 꺼내지 않고, 우리말처럼 묻는 위치에 넣으면 됩니다. 의문사가 있는 의문문에는 문장 끝에 '吗'를 쓰지 않으니 주의하세요.

한자중국어	중국어로 말하기
谁是班主任?	누가 담임선생님인가요?
谁是你父亲?	누가 네 아버지이시니?
谁是你母亲?	누가 네 어머니이시니?
谁是她丈夫?	누가 그녀의 남편인가요?
谁是他妻子?	누가 그의 아내인가요?

단어
母亲 mǔqin 어머니 / 丈夫 zhàngfu 남편 / 妻子 qīzi 아내

02 당신 무슨 책 보시나요?
你看什么书?

什么 | 무엇

한글중국어	병음중국어
니 칸 옌머 슈?	Nǐ kàn shénme shū?
니 팅 옌머 인위에?	Nǐ tīng shénme yīnyuè?
니 쭈오 옌머 윈똥?	Nǐ zuò shénme yùndòng?
아이런 쭈오 옌머 차이?	Àiren zuò shénme cài?
아이런 쭈오 옌머 꿍쭈오?	Àiren zuò shénme gōngzuò?

단어
什么 shénme 무엇 / 看 kàn 보다 / 书 shū 책 / 音乐 yīnyuè 음악 / 做 zuò 하다

20 한글로 배우는 중국어 2

 '什么 shénme'는 '무엇'을 뜻하는 의문사입니다. 무엇이든 물어보고 싶을 때는 '什么'를 쓰시면 됩니다.

한자중국어	중국어로 말하기
你看什么书?	당신 무슨 책 보시나요?
你听什么音乐?	당신 무슨 음악 들어요?
你做什么运动?	당신 무슨 운동해요?
爱人做什么菜?	아내가 무슨 요리해요?
爱人做什么工作?	남편 무슨 일해요?

단어
运动 yùndòng 운동 / 爱人 àiren 아내, 남편 / 菜 cài 요리 / 工作 gōngzuò 일

03 什么时候回家?
언제 집에 가?

什么时候 | 언제

한글중국어	병음중국어

셔머스허우 후이찌아? — Shénmeshíhou huíjiā?

셔머스허우 썅빤? — Shénmeshíhou shàngbān?

셔머스허우 쭈챠이? — Shénmeshíhou chūchāi?

셔머스허우 지에훈? — Shénmeshíhou jiéhūn?

셔머스허우 삐예? — Shénmeshíhou bìyè?

단어
什么时候 shénme shíhou 언제 / 回家 huí jiā 집으로 돌아가다, 오다 / 上班 shàngbān 출근하다

'什么时候 shénmeshíhou'는 '무슨'이라는 뜻의 '什么'와 '때, 시각'을 뜻하는 '时候'가 합쳐져서 만들어진 의문사로, '언제'라는 뜻입니다.

한자중국어	중국어로 말하기
什么时候回家?	언제 집에 가?
什么时候上班?	언제 출근해?
什么时候出差?	언제 출장가?
什么时候结婚?	언제 결혼해?
什么时候毕业?	언제 졸업해?

단어
出差 chūchāi 출장(하다) / 结婚 jiéhūn 결혼(하다) / 毕业 bìyè 졸업(하다)

04 어떤 것이 제 것인가요?
哪个是我的?

哪 | 어느

한글중국어	병음중국어
나 거ˇ 쓰ˋ 워ˇ 더?	Nǎ ge shì wǒ de?
나 거ˇ 쓰ˋ 워ˇ 더 쭈오웨이ˋ?	Nǎ ge shì wǒ de zuòwèi?
나 거ˇ 쓰ˋ 워ˇ 더 쭈앙웨이ˊ?	Nǎ ge shì wǒ de chuángwèi?
나 거ˇ 쓰ˋ 니ˇ 더 통쉬에ˊ?	Nǎ ge shì nǐ de tóngxué?
나 웨이ˋ 쓰ˋ 니ˇ 더 라오반ˇ?	Nǎ wèi shì nǐ de lǎobǎn?

단어
哪 nǎ 어느 / 个 ge (양사) 개, 명 / 座位 zuòwèi 좌석 / 床位 chuángwèi 침대자리

'哪 nǎ'는 '어느, 어떤'이란 뜻의 의문사입니다. '그것, 저것'을 뜻하는 '那 nà'자 왼쪽에 '입 구(口)'를 썼네요. 질문은 입으로 하기 때문일까요? 그리고 '哪 nǎ'와 '那 nà'의 성조가 다름에도 유의하세요.

한자중국어	중국어로 말하기
哪个是我的?	어떤 것이 제 것인가요?
哪个是我的座位?	어떤 것이 제 좌석인가요?
哪个是我的床位?	어떤 것이 내 침대인가요?
哪个是你的同学?	누가 네 반친구니?
哪位是你的老板?	어느 분이 당신 사장님인가요?

단어
同学 tóngxué 반친구 / 位 wèi (양사) 분 / 老板 lǎobǎn 사장님, 보스

Chapter 1 | 의문사 패턴 **25**

05

너 오전에 어디 가?
你上午去哪儿?

哪儿 | 어디

| 한 글 중 국 어 | 병 음 중 국 어 |

니 썅우 취 날?

Nǐ shàngwǔ qù nǎr?

니 시아우 취 날?

Nǐ xiàwǔ qù nǎr?

니 시앤짜이 취 날?

Nǐ xiànzài qù nǎr?

니 허우티앤 취 날?

Nǐ hòutiān qù nǎr?

니 시아쪄우 취 날?

Nǐ xiàzhōu qù nǎr?

단어
哪儿 nǎr 어디 / 上午 shàngwǔ 오전 / 去 qù 가다

'哪儿 nǎr'은 '어디, 어느 곳' 장소를 묻는 의문사입니다. '哪 nǎ 어느' 뒤에 '儿 ér'을 붙이니까 '哪儿 nǎr 어디'라는 장소를 나타내는 말이 되네요. '这 zhè 이것'와 '那 nà 저것, 그것' 뒤에도 '儿 ér'을 쓰면 '这儿 zhèr 여기', '那儿 nàr 저기'가 되는 것처럼요.

한자중국어	중국어로 말하기
你上午去哪儿?	너 오전에 어디 가?
你下午去哪儿?	너 오후에 어디 가?
你现在去哪儿?	너 지금 어디 가?
你后天去哪儿?	너 모레 어디 가?
你下周去哪儿?	너 다음주에 어디 가?

단어
下午 xiàwǔ 오후 / 现在 xiànzài 지금 / 后天 hòutiān 모레 / 下周 xiàzhōu 다음주

06 어제 너 어디 있었어?
昨天你在哪里?

哪里 | 어디

한글중국어	병음중국어

주오티앤 니 짜이 나리? / Zuótiān nǐ zài nǎli?

치앤티앤 니 짜이 나리? / Qiántiān nǐ zài nǎli?

썅쪄우 니 짜이 나리? / Shàngzhōu nǐ zài nǎli?

야오쓰 짜이 나리? / Yàoshi zài nǎli?

야오콩치 짜이 나리? / Yáokòngqì zài nǎli?

단어
哪里 nǎli 어디 / 在 zài ~에 있다 / 昨天 zuótiān 어제 / 前天 qiántiān 그제

 '哪里 nǎli'는 '어디, 어느 곳' 장소를 묻는 의문사입니다. '这 zhè 이것'와 '那 nà 저것, 그것'의 뒤에도 '里 lǐ'를 써서 '这里 zhèli 여기', '那里 nàli 저기'하면 장소를 나타내는 단어가 되네요.

| 한자중국어 | 중국어로 말하기 |

昨天你在**哪里**?   어제 너 어디 있었어?

前天你在**哪里**?   그제 너 어디 있었어?

上周你在**哪里**?   저번주에 너 어디 있었어?

钥匙在**哪里**?   열쇠 어디 있어?

遥控器在**哪里**?   리모컨 어디 있어?

단어
上周 shàngzhōu 저번 주 / 钥匙 yàoshi 열쇠 / 遥控器 yáokòngqì 리모컨

07 나 어떻게 해?
我怎么办?

怎么 | 어떻게

> 한글중국어 → 병음중국어

워 쩐머 빤?   Wǒ zěnme bàn?

워 쩐머 쯔다오?   Wǒ zěnme zhīdao?

워 쩐머 셩후오?   Wǒ zěnme shēnghuó?

워 쩐머 팡치?   Wǒ zěnme fàngqì?

워 쩐머 시앙신?   Wǒ zěnme xiāngxìn?

단어
怎么 zěnme 어떻게 / 办 bàn 하다, 처리하다 / 知道 zhīdao 알다

'怎么 zěnme'는 '어떻게, 왜'라는 뜻의 의문사입니다.
예문을 통해 다양한 쓰임을 익혀보겠습니다.

한자중국어	중국어로 말하기
我怎么办?	나 어떻게 해?
我怎么知道?	내가 어떻게 알아?
我怎么生活?	나 어떻게 살아?
我怎么放弃?	내가 어떻게 포기를 해?
我怎么相信?	내가 어떻게 믿어?

단어
生活 shēnghuó 살다, 생활하다 / 放弃 fàngqì 포기하다 / 相信 xiāngxìn 믿다

Chapter 1 | 의문사 패턴 **31**

08 天气怎么样?

날씨 어때요?

怎么样 | 어때

| 한글중국어 | 병음중국어 |

티앤치 쩐머양?   Tiānqì zěnmeyàng?

후안찡 쩐머양?   Huánjìng zěnmeyàng?

션티 쩐머양?   Shēntǐ zěnmeyàng?

씽그어 쩐머양?   Xìnggé zěnmeyàng?

티아오찌앤 쩐머양?   Tiáojiàn zěnmeyàng?

단어
怎么样 zěnmeyàng 어때 / 天气 tiānqì 날씨 / 环境 huánjìng 환경

'怎么样 zěnmeyàng'은 '어떻게'라는 뜻의 '怎么 zěnme'와 '모양'이라는 뜻의 '样 yàng'이 결합하여 사람 혹은 사물의 상태에 대해 물을 때나 상대방의 의향을 물을 때 씁니다.

한자중국어	중국어로 말하기
天气怎么样?	날씨 어때요?
环境怎么样?	환경 어때요?
身体怎么样?	건강 어때요?
性格怎么样?	성격 어때요?
条件怎么样?	조건 어때요?

단어
身体 shēntǐ 신체, 몸 / 性格 xìnggé 성격 / 条件 tiáojiàn 조건

09

당신 왜 웃어요?
你为什么笑?

为什么 | 왜

한글중국어	병음중국어
니 웨이션머 시아오?	Nǐ wèishénme xiào ?
니 웨이션머 쿠?	Nǐ wèishénme kū?
니 웨이션머 헌 워?	Nǐ wèishénme hèn wǒ?
니 웨이션머 까오씽?	Nǐ wèishénme gāoxìng?
니 웨이션머 샹신?	Nǐ wèishénme shāngxīn?

단어
为什么 wèishénme 왜 / 笑 xiào 웃다 / 哭 kū 울다

'为什么 wèishénme'는 '~때문에'라는 뜻의 '为 wèi'와 '무엇'이라는 뜻의 '什么'가 만나 '무엇 때문에'가 되니까 곧 '왜'라는 뜻이 되었네요!

한자중국어	중국어로 말하기
你为什么笑?	당신 왜 웃어요?
你为什么哭?	당신 왜 울어요?
你为什么恨我?	당신 왜 저를 미워해요?
你为什么高兴?	당신 왜 기뻐요?
你为什么伤心?	당신 왜 슬퍼요?

단어
恨 hèn 밉다 / 高兴 gāoxìng 기쁘다 / 伤心 shāngxīn 슬프다

10 几月几号开学?

몇 월 며칠에 개학해요?

几 | 몇, 얼마

| 한글중국어 | 병음중국어 |

지 위에 지 하오 카이쉬에? Jǐ yuè jǐ hào kāixué?

지 위에 지 하오 왕찌아? Jǐ yuè jǐ hào fàngjià?

지 위에 지 하오 빠이팡? Jǐ yuè jǐ hào bàifǎng?

지 위에 지 하오 파 꽁쯔? Jǐ yuè jǐ hào fā gōngzī?

지 위에 지 하오 후이쿠안? Jǐ yuè jǐ hào huìkuǎn?

단어
月 yuè 월 / 号 hào 일 / 开学 kāixué 개학하다 / 放假 fàngjià 방학하다

'几 jǐ'는 '몇'을 묻는 의문사로, '몇 기(幾)'자의 간체자입니다. 보통 10 이하의 작은 수를 물을 때 사용하고, 날짜, 시간, 요일, 식구를 물을 때 씁니다.

한자중국어	중국어로 말하기
几月几号开学?	몇 월 몇 일에 개학해요?
几月几号放假?	몇 월 몇 일에 방학해요?
几月几号拜访?	몇 월 몇 일에 방문해요?
几月几号发工资?	몇 월 몇 일에 월급 받아요?
几月几号汇款?	몇 월 몇 일에 송금해요?

단어
拜访 bàifǎng 방문하다 / 发 fā (임금을) 지급하다 / 工资 gōngzī 월급 / 汇款 huìkuǎn 송금하다

11 비밀번호가 어떻게 돼요?
密码多少?

多少 | 몇, 얼마

한글중국어	병음중국어
미마 뚜오샤오?	Mìmǎ duōshao?
셔우찌 하오마 뚜오샤오?	Shǒujī hàomǎ duōshao?
리비앤 요우 뚜오샤오 쉬에셩?	Lǐbiān yǒu duōshao xuésheng?
와이비앤 요우 뚜오샤오 시앙즈?	Wàibiān yǒu duōshao xiāngzi?
팡비앤 요우 뚜오샤오 양핀?	Pángbiān yǒu duōshao shāngpǐn?

단어
密码 mìmǎ 비밀번호 / 手机 shǒujī 핸드폰 / 号码 hàomǎ 번호 / 里边 lǐbiān 안

'多少 duōshao'는 '얼마, 몇'을 묻는 의문사로, 일반적으로 10 이상의 많은 숫자를 물어볼 때 쓰고, 비밀번호나 핸드폰 번호를 물을 때도 씁니다.

한자중국어	중국어로 말하기
密码多少?	비밀번호가 어떻게 돼요?
手机号码多少?	전화번호가 어떻게 돼요?
里边有多少学生?	안에 학생이 몇 명 있어요?
外边有多少箱子?	밖에 상자가 몇 개 있어요?
旁边有多少商品?	옆에 상품이 몇 개 있어요?

단어
外边 wàibiān 밖 / 箱子 xiāngzi 상자 / 旁边 pángbiān 옆 / 商品 shāngpǐn 상품

12 이거 얼마예요?
这个多少钱?

多少钱 | 얼마예요?

한글중국어	병음중국어
쪄거 뚜오샤오 치앤?	Zhè ge duōshao qián?
콩티아오 뚜오샤오 치앤?	Kōngtiáo duōshao qián?
뼁시앙 뚜오샤오 치앤?	Bīngxiāng duōshao qián?
시이찌 뚜오샤오 치앤?	Xǐyījī duōshao qián?
시쳔치 뚜오샤오 치앤?	Xīchénqì duōshao qián?

단어
多少 duōshao 얼마 / 钱 qián 돈 / 空调 kōngtiáo 에어컨

'多少 duōshao'는 '얼마, 몇'을 묻는 의문사로, 뒤에 '돈 전(錢)'자 간체자 '钱 qián'을 붙여서 '多少钱 duōshao qián'하면 '얼마예요?'라는 말이 됩니다.

한자중국어	중국어로 말하기
这个多少钱?	이거 얼마예요?
空调多少钱?	에어컨 얼마예요?
冰箱多少钱?	냉장고 얼마예요?
洗衣机多少钱?	세탁기 얼마예요?
吸尘器多少钱?	청소기 얼마예요?

단어
冰箱 bīngxiāng 냉장고 / 洗衣机 xǐyījī 세탁기 / 吸尘器 xīchénqì 청소기

13 맞아요 안 맞아요?
对不对?

A不A? | A이니 아니니?

한글 중국어	병음 중국어
뚜이 부 뚜이?	Duì bu duì?
니 똥 부 똥?	Nǐ dǒng bu dǒng?
니 으어 부 으어?	Nǐ è bu è?
니 취 부 취 쮜후이?	Nǐ qù bu qù jùhuì?
니 칸 부 칸 후아쮜?	Nǐ kàn bu kàn huàjù?

단어
对 duì 맞다 / 懂 dǒng 이해하다 / 饿 è 배 고프다

'동사/형용사+不+동사/형용사'의 형식으로 묻는 의문문을 '정반의문문'이라고 합니다. 긍정과 부정을 나란히 나열만 하면 되는 의문문이지요. 중간의 '不'는 경성으로 발음합니다. 이 역시 문미에 '吗'를 쓰지 않으니 주의하세요!

한자중국어	중국어로 말하기
对不对?	맞아요 안 맞아요?
你懂不懂?	당신 이해돼요 안 돼요?
你饿不饿?	당신 배 고파요 안 고파요?
你去不去聚会?	당신 모임에 가요 안 가요?
你看不看话剧?	당신 연극 봐요 안 봐요?

단어

聚会 jùhuì 모임 / 看 kàn 보다 / 话剧 huàjù 연극

Chapter 1 | 의문사 패턴 **43**

14 당겨요 아니면 밀어요?
拉还是推?

A还是B? | A 아니면 B?

한글중국어 → 병음중국어

라 하이쓰 투이? 　　Lā háishi tuī?

카이 하이쓰 꾸안? 　　Kāi háishi guān?

워 취 하이쓰 니 라이? 　　Wǒ qù háishi nǐ lái?

흐어 카페이 하이쓰 챠? 　　Hē kāfēi háishi chá?

쭝빼이 하이쓰 따빼이? 　　Zhōngbēi háishi dàbēi?

단어
还是 háishi 아니면 / 拉 lā 당기다 / 推 tuī 밀다 / 开 kāi 켜다 / 关 guān 끄다 / 喝 hē 마시다

'A+还是 háishi+B'는 'A입니까, B입니까?'라고 묻는 선택의문문입니다.
'还是'는 의문사는 아니지만 의문문을 만드는 접속사입니다.
'还是'를 사용한 의문문에도 '吗'는 쓸 수 없으니 주의하세요!

한자중국어	중국어로 말하기
拉还是推?	당겨요 아니면 밀어요?
开还是关?	열어요 아니면 닫아요?
我去还是你来?	제가 갈까요 아니면 당신이 오실래요?
喝咖啡还是茶?	커피 마실래 아니면 차 마실래?
中杯还是大杯?	레귤러 사이즈요 아니면 라지 사이즈요?

단어
咖啡 kāfēi 커피 / 茶 chá 차 / 中杯 zhōngbēi 레귤러 사이즈 / 大杯 dàbēi 라지 사이즈

Chapter 1 | 의문사 패턴 **45**

Chapter 2

了, 着, 过 패턴

15 저 퇴근했어요
我下班了。

동사+了 | ~했다(완료)

한글중국어	병음중국어
ˇ ˋ ˉ 워 시아빤 러.	Wǒ xiàbān le.
ˇ ˋ ˉ 워 위위에 러.	Wǒ yùyuē le.
ˇ ˉ ˉ 워 렁 라찌 러.	Wǒ rēng lājī le.
ˇ ˉ ˇ ˉ ˊ 워 후아 러 헌 뚜오 치앤.	Wǒ huā le hěn duō qián.
ˇ ˇ ˇ ˉ ˉ 워 마이 러 헌 뚜오 똥시.	Wǒ mǎi le hěn duō dōngxi.

단어
了 le 동작의 완료 / 下班 xiàbān 퇴근하다 / 预约 yùyuē 예약하다

숫자 3처럼 생긴 '了 le'는 동사 바로 뒤나 문장 맨 끝에 써서 동작이 끝나거나 상황이 완료되었음을 나타냅니다. 일반적으로 목적어 앞에 '很多' 같은 수식어가 있으면 '了'를 동사 바로 뒤에 붙이고 수식어가 없이 목적어만 있으면 문장 맨 끝에 붙입니다.

한자중국어	중국어로 말하기
我下班了。	저 퇴근했어요.
我预约了。	저 예약했어요.
我扔垃圾了。	저 쓰레기 버렸어요.
我花了很多钱。	저 돈 많이 썼어요.
我买了很多东西。	저 물건 많이 샀어요.

단어
扔 rēng 버리다 / 垃圾 lājī 쓰레기 / 花 huā 쓰다 / 东西 dōngxi 물건

16 그녀는 수업 안 끝났어요.
她没下课。

没+동사 | ~하지 않았다

한글중국어	병음중국어
타 메이 시아크어.	Tā méi xiàkè.
타 메이 츠 빙깐.	Tā méi chī bǐnggān.
타 메이 흐어 지우.	Tā méi hē jiǔ.
타 메이 라이 카페이띠앤.	Tā méi lái kāfēidiàn.
타 메이 취 찌아나따.	Tā méi qù Jiānádà.

단어
没 méi ~하지 않았다 / 下课 xiàkè 수업이 끝나다 / 吃 chī 먹다 / 饼干 bǐnggān 과자, 비스킷

'동사+了'의 부정은 '没 méi'나 '没有 méiyǒu'를 동사 앞에 쓰면 됩니다. 이때 동사 뒤에 있던 '了'는 반드시 없애야 한다는 것 꼭 기억하세요!

한자중국어	중국어로 말하기
她没下课。	그녀는 수업 안 끝났어요.
她没吃饼干。	그녀는 과자 안 먹었어요.
她没喝酒。	그녀는 술 안 마셨어요.
她没来咖啡店。	그녀는 까페에 안 왔어요.
她没去加拿大。	그녀는 캐나다에 안 갔어요.

단어
喝 hē 마시다 / 酒 jiǔ 술 / 咖啡店 kāfēidiàn 까페 / 加拿大 Jiānádà 캐나다

17 감사합니다.
谢谢你了。

~了 | 변화, 어감을 나타냄

한글중국어	병음중국어
시에시에 니 러.	Xièxie nǐ le.
타이 치꾸아이 러!	Tài qíguài le!
비에 챠오찌아 러!	Bié chǎojià le!
워 요우 꿍쭈오 러.	Wǒ yǒu gōngzuò le.
시앤짜이 워 부 레이 러.	Xiànzài wǒ bú lèi le.

단어

谢谢 xièxie 감사하다 / 太~(了) tài~le 너무~하다 / 奇怪 qíguài 이상하다
别~(了) bié~le ~하지마라 / 吵架 chǎojià 말싸움하다

문장 끝에 쓰인 '了 le'는 '동작의 완료' 외에 '변화되었음' 혹은 '어감 조절'의 효과를 가져다 주기도 합니다.

한자중국어	중국어로 말하기
谢谢你了。	감사합니다.
太奇怪了!	너무 이상해!
别吵架了!	싸우지 마세요!
我有工作了。	저 취직했어요.
现在我不累了。	지금 저 안 힘들어요.

단어
工作 gōngzuò 일, 직업, 일하다 / 现在 xiànzài 지금 / 累 lèi 힘들다, 지치다

18 저 여기 와봤어요
我来过这儿。
동사+过 | ~한 적 있다

| 한글중국어 | 병음중국어 |

워 라이 구오 옐.
Wǒ lái guo zhèr.

워 쮸안 구오 한푸.
Wǒ chuān guo hánfú.

워 츠 구오 마라탕.
Wǒ chī guo málàtàng.

니 쉬에 구오 우다오 마?
Nǐ xué guo wǔdǎo ma?

니 취 구오 시앙강 마?
Nǐ qù guo Xiānggǎng ma?

단어
过 guo ~한 적 있다 / 这儿 zhèr 여기 / 穿 chuān 입다 / 韩服 hánfú 한복

동태조사 '过 guo'는 원래 '과거(過去)' 할 때 '지날 과(過)'자의 간체자입니다.
'동사+过'의 패턴을 써서 '동사한 적이 있다'로 해석되고 동작의 경험을 나타냅니다.

한자중국어	중국어로 말하기

我来过这儿。 저 여기 와봤어요.

我穿过韩服。 저 한복 입어봤어요.

我吃过麻辣烫。 저 마라탕 먹어봤어요.

你学过舞蹈吗? 당신 춤 배워봤어요?

你去过香港吗? 당신 홍콩 가봤어요?

단어
麻辣烫 málàtàng 마라탕 / 舞蹈 wǔdǎo 춤 / 香港 Xiānggǎng 홍콩

19

저 거기 안 가봤어요.
我没去过那儿。

没+동사+过 | ~한 적 없다

| 한글중국어 | 병음중국어 |

워 메이 취 구오 날.
Wǒ méi qù guo nàr.

워 메이 쭈안 구오 치파오.
Wǒ méi chuān guo qípáo.

워 메이 츠 구오 쇼우쓰.
Wǒ méi chī guo shòusī.

워 메이 쉬에 구오 후아 후알.
Wǒ méi xué guo huà huàr.

워 메이 취 구오 타이완.
Wǒ méi qù guo Táiwān.

단어
那儿 nàr 거기, 저기 / 旗袍 qípáo 치파오 / 寿司 shòusī 스시

 경험을 나타내는 '동사+过 guo'의 부정은 동사 앞에 '没 méi'나 '没有 méiyǒu'를 쓰고, '동사한 적이 없다'로 해석합니다.

한 자 중 국 어	중 국 어 로 말 하 기
我没去过那儿。	저 거기 안 가봤어요.
我没穿过旗袍。	저 치파오 안 입어봤어요.
我没吃过寿司。	저 스시 안 먹어봤어요.
我没学过画画儿。	저 그림 안 배워봤어요.
我没去过台湾。	저 대만 안 가봤어요.

단어
画画儿 huà huàr 그림을 그리다 / 台湾 Táiwān 대만

20 문이 열려 있어요.
门开着。

동사+着+(呢) | ~한 상태이다

| 한글 중국어 | 병음 중국어 |

먼 카이 쪄.

Mén kāi zhe.

비에 짠 쪄!

Bié zhàn zhe!

와이미앤 시아 쪄 위 너.

Wàimian xià zhe yǔ ne.

와이비앤 시아 쪄 쉬에 너.

Wàibian xià zhe xuě ne.

시앤짜이 꾸아 쪄 펑 너.

Xiànzài guā zhe fēng ne.

단어
着 zhe 상태의 지속을 나타내는 동태조사 / 门 mén 문 / 开 kāi 열다 / 别 bié ~하지마라
站 zhàn 서다

 동태조사 '着 zhe'는 '동사+着'의 패턴을 써서 동작이나 상태가 일정 기간 동안 지속됨을 나타냅니다. 문미에 '呢'를 넣을 수도 있습니다.

한자중국어	중국어로 말하기

门开着。 문이 열려 있어요.

别站着! 서있지 마세요!

外面下着雨呢。 밖에 비가 내리고 있어요.

外边下着雪呢。 밖에 눈이 내리고 있어요.

现在刮着风呢。 지금 바람이 불고 있어요.

단어
外面 wàimian 밖 / 下雨 xià yǔ 비가 내리다 / 外边 wàibian 밖 / 下雪 xià xuě 눈이 내리다
刮风 guā fēng 바람이 불다

Chapter 3

능원동사 패턴

21 我能教你汉语。

내가 너 중국어 가르쳐 줄 수 있어.

能 | ~할 수 있다

| 한글중국어 | 병음중국어 |

워 넝 찌아오 니 한위.
Wǒ néng jiāo nǐ hànyǔ.

워 넝 쭈오 쪄 찌앤 스.
Wǒ néng zuò zhè jiàn shì.

워 넝 쭈취 마?
Wǒ néng chūqu ma?

니 넝 찌에 띠앤후아 마?
Nǐ néng jiē diànhuà ma?

쪌 넝 썅왕 마?
Zhèr néng shàngwǎng ma?

단어
能 néng 할 수 있다 / 教 jiāo 가르치다 / 汉语 hànyǔ 중국어 / 做 zuò 하다
件 jiàn 건 *일을 세는 양사 / 事 shì 일

'能 néng'은 '재능 능(能)'자인데 '능력, 가능성, 허락'을 나타내는 조동사로 '～할 수 있다'라는 뜻으로 해석됩니다.

한자중국어	중국어로 말하기
我能教你汉语。	내가 너 중국어 가르쳐 줄 수 있어.
我能做这件事。	저 이 일 할 수 있어요.
我能出去吗?	저 나가도 돼요?
你能接电话吗?	전화 받을 수 있으세요?
这儿能上网吗?	여기 인터넷 돼요?

단어
出去 chūqu 나가다 / 接 jiē 받다 / 电话 diànhuà 전화 / 上网 shàngwǎng 인터넷을 하다

22

제가 당신 영어 가르칠 수 없어요.
我不能教你英语。

不能 | ~할 수 없다

한글중국어	병음중국어
워 뿌 넝 찌아오 니 잉위.	Wǒ bù néng jiāo nǐ yīngyǔ.
워 뿌 넝 쭈오 나 찌앤 으스.	Wǒ bù néng zuò nà jiàn shì.
워 뿌 넝 취 쭈차이.	Wǒ bù néng qù chūchāi.
워 뿌 넝 찌에 띠앤후아.	Wǒ bù néng jiē diànhuà.
쩔 뿌 넝 쳐우앤.	Zhèr bù néng chōuyān.

단어

英语 yīngyǔ 영어 / 出差 chūchāi 출장(하다)

앞에서 '能 néng'은 능력, 가능성, 허락을 나타내는 조동사로 '~할 수 있다'라는 뜻이라고 했는데 '~할 수 없다'라고 부정을 말할 때는 앞에 '不'를 넣어 '不能 bù néng'이라고 말하면 됩니다.

한자중국어	중국어로 말하기
我不能教你英语。	제가 당신 영어 가르칠 수 없어요.
我不能做那件事。	저 그 일 할 수 없어요.
我不能去出差。	저 출장 못 가요.
我不能接电话。	저 전화 못 받아요.
这儿不能抽烟。	여기서 담배 피시면 안 돼요.

단어
抽烟 chōuyān 담배 피우다

Chapter 3 | 능원동사 패턴

23 앉아도 될까요?
我可以坐吗?
可以 | ~해도 된다, ~할 수 있다

| 한글중국어 | 병음중국어 |

워 크어이 쭈오 마?
Wǒ kěyǐ zuò ma?

워 크어이 찐취 마?
Wǒ kěyǐ jìnqù ma?

워 크어이 찌에융 마?
Wǒ kěyǐ jièyòng ma?

워 크어이 취 뤼요우.
Wǒ kěyǐ qù lǚyóu.

쪌 뿌 크어이 시앤.
Zhèr bù kěyǐ xīyān.

단어
可以 kěyǐ ~해도 된다, ~할 수 있다 / 坐 zuò 앉다 / 进去 jìnqù 들어가다

'可以 kěyǐ'가 조동사로 쓰이면, 허락의 의미인 '~해도 된다'와 가능성의 의미인 '~할 수 있다'의 뜻으로 씁니다. '~이 안 되다, ~할 수 없다'라고 부정할 때는 '不可以'라고 하면 됩니다.

한자중국어	중국어로 말하기
我可以坐吗?	앉아도 될까요?
我可以进去吗?	들어가도 될까요?
我可以借用吗?	빌려 써도 될까요?
我可以去旅游。	저 여행 갈 수 있어요.
这儿不可以吸烟。	여기서 담배 피시면 안 돼요.

단어
借用 jièyòng 빌려 쓰다 / 旅游 lǚyóu 여행(하다) / 吸烟 xīyān 담배 피우다

24 저 수영할 줄 알아요.
我会游泳。

会 | ~할 줄 알다

| 한글중국어 | 병음중국어 |

워 후이 요우용.
Wǒ huì yóuyǒng.

워 후이 다 위마오치우.
Wǒ huì dǎ yǔmáoqiú.

니 후이 쭈오차이 마?
Nǐ huì zuòcài ma?

니 후이 슈오 한위 마?
Nǐ huì shuō hànyǔ ma?

워 후이 슈오 이디알 잉위.
Wǒ huì shuō yìdiǎnr yīngyǔ.

단어
会 huì ~할 줄 알다 / 游泳 yóuyǒng 수영(하다) / 打 dǎ 치다 / 羽毛球 yǔmáoqiú 배드민턴

'会 huì'는 '모일 회(會)'자의 간체자로 '(학습을 통해서) 할 줄 알다'라는 뜻의 조동사입니다. 할 줄 알면 '会'라고 답하고 조금 할 줄 알면 '会(一)点儿'이라고 답합니다.

한자중국어	중국어로 말하기
我会游泳。	저 수영할 줄 알아요.
我会打羽毛球。	저 배드민턴 칠 줄 알아요.
你会做菜吗?	요리할 줄 아세요?
你会说汉语吗?	중국어 할 줄 아세요?
我会说一点儿英语。	저 영어 조금 할 줄 알아요.

단어
做菜 zuòcài 요리를 하다 / 说 shuō 말하다 / 一点儿 yìdiǎnr 조금

25 저 운전할 줄 몰라요.
我不会开车。

不会 | ~할 줄 모르다

한글중국어	병음중국어
워 부 후이 카이쯔어.	Wǒ bú huì kāichē.
워 부 후이 후아쉬에.	Wǒ bú huì huáxuě.
워 부 후이 후아삥.	Wǒ bú huì huábīng.
워 부 후이 티아오우.	Wǒ bú huì tiàowǔ.
워 부 후이 쓔오 시반야위.	Wǒ bú huì shuō xībānyáyǔ.

단어
不会 bú huì 할 줄 모르다 / 开车 kāichē 운전하다 / 滑雪 huáxuě 스키를 타다

'不会 bú huì'는 '会'의 부정으로 '~할 줄 모르다, ~할 수 없다'라는 뜻입니다. '会'가 4성이기 때문에 부정부사 '不'는 반드시 2성으로 발음해야 합니다.

한자중국어	중국어로 말하기
我不会开车。	저 운전할 줄 몰라요.
我不会滑雪。	저 스키 탈 줄 몰라요.
我不会滑冰。	저 스케이트 탈 줄 몰라요.
我不会跳舞。	저 춤 출 줄 몰라요.
我不会说西班牙语。	저 스페인어 할 줄 몰라요.

단어
滑冰 huábīng 스케이트를 타다 / 跳舞 tiàowǔ 춤을 추다 / 西班牙语 xībānyáyǔ 스페인어

26 그는 후회할 거예요.
他会后悔的。
会~(的) | ~일 것이다

한글중국어	병음중국어
타 후이 허우후이 더.	Tā huì hòuhuǐ de.
타 후이 통이 더.	Tā huì tóngyì de.
타 후이 퐌뚜이 더.	Tā huì fǎnduì de.
타 후이 카이신 마?	Tā huì kāixīn ma?
타 부 후이 셩치 더.	Tā bú huì shēngqì de.

단어
后悔 hòuhuǐ 후회하다 / 同意 tóngyì 동의하다 / 反对 fǎnduì 반대하다

'会 ~ 的 huì ~ de'는 '~일 것이다'라는 추측을 나타냅니다. '~하지 않을 것이다'라는 부정 표현은 '不会 ~ 的 bú huì ~ de'이며, '的'는 생략이 가능합니다. 단지 물을 때는 일반적으로 뒤의 '的'는 말하지 않습니다.

한 자 중 국 어	중 국 어 로 말 하 기
他会后悔的。	그는 후회할 거예요.
他会同意的。	그는 동의할 거예요.
他会反对的。	그는 반대할 거예요.
他会开心吗?	그가 즐거워할까요?
他不会生气的。	그는 화 안 낼 거예요.

단어
开心 kāixīn 즐겁다 / 生气 shēngqì 화가 나다

27 주문할게요.
我要点菜。

要 | ~하려고 하다

한글 중국어	병음 중국어
워 야오 디앤 차이.	Wǒ yào diǎncài.
워 야오 누리 쉬에시.	Wǒ yào nǔlì xuéxí.
워 야오 런쩐 꿍쭈오.	Wǒ yào rènzhēn gōngzuò.
니 야오 츠 션머?	Nǐ yào chī shénme?
워 야오 츠 따찌앙탕.	Wǒ yào chī dàjiàngtāng.

단어

要 yào ~하려고 하다 / 点菜 diǎncài 주문하다 / 努力 nǔlì 노력하다, 열심히 하다

'要 yào'는 '요구(要求)하다' 할 때 '요(要)'자로 동사로 쓰면 '원하다'라는 뜻이고, 조동사로 쓰면 '~하려고 하다, ~할 것이다'라는 뜻으로 말하는 사람의 의지를 나타냅니다.

한자중국어	중국어로 말하기
我要点菜。	주문할게요.
我要努力学习。	저 열심히 공부할 거예요.
我要认真工作。	저 열심히 일할 거예요.
你要吃什么?	너 뭐 먹을 거야?
我要吃大酱汤。	저 된장국 먹으려고 해요.

단어

学习 xuéxí 공부하다 / 认真 rènzhēn 진지하다, 성실하다 / 大酱汤 dàjiàngtāng 된장국

28

저 아프리카 가고 싶어요.
我想去非洲。

想 | ~하고 싶다

한 글 중 국 어	병 음 중 국 어

워 시앙 취 ㅍㅔ이쪄우.   Wǒ xiǎng qù Fēizhōu.

워 시앙 ㅊ 셩위피앤.   Wǒ xiǎng chī shēngyúpiàn.

워 시앙 흐어 메이ㅆ카ㅍㅔ이.   Wǒ xiǎng hē měishì kāfēi.

워 시앙 마이 리앙 ㅊㅓ.   Wǒ xiǎng mǎi liàng chē.

니 시앙 깐 션머?   Nǐ xiǎng gàn shénme?

단어

想 xiǎng ~하고 싶다 / 非洲 Fēizhōu 아프리카 / 生鱼片 shēngyúpiàn 회
美式咖啡 měishì kāfēi 아메리카노

'想 xiǎng'은 동사로 '생각하다'라는 뜻이지만, 조동사로 쓰면 동사 앞에서 '~하고 싶다'라는 뜻입니다.

한자중국어	중국어로 말하기
我想去非洲。	저 아프리카 가고 싶어요.
我想吃生鱼片。	나 회 먹고 싶어.
我想喝美式咖啡。	나 아메리카노 마시고 싶어.
我想买辆车。	나 차 한 대 사고 싶어.
你想干什么?	너 뭐 하고 싶어?

단어
买 mǎi 사다 / 辆 liàng 대 *차를 세는 양사 / 车 chē 차 / 干 gàn 하다

Chapter 3 | 능원동사 패턴　77

29 나 유럽에 가고 싶지 않아.
我不想去欧洲。

不想 | ~하고 싶지 않다

> 한글중국어 / 병음중국어

워 뿌 시앙 취 어우쩌우. Wǒ bù xiǎng qù Ōuzhōu.

워 뿌 시앙 츠 자오찬. Wǒ bù xiǎng chī zǎocān.

워 뿌 시앙 흐어 나티에. Wǒ bù xiǎng hē nátiě.

워 뿌 시앙 리아오티앤. Wǒ bù xiǎng liáotiān.

워 뿌 시앙 칭찌아. Wǒ bù xiǎng qǐngjià.

단어
欧洲 Ōuzhōu 유럽 / 早餐 zǎocān 아침식사 / 拿铁 nátiě 라떼

앞에서 '想 xiǎng'이 조동사로 쓰여 '~하고 싶다'라고 했고, '不想 bù xiǎng'이라고 하면 '~하고 싶지 않다'의 뜻이 됩니다.

한 자 중 국 어	중 국 어 로 말 하 기
我不想去欧洲。	나 유럽에 가고 싶지 않아.
我不想吃早餐。	나 아침 먹고 싶지 않아.
我不想喝拿铁。	나 라떼 마시고 싶지 않아.
我不想聊天。	나 수다 떨고 싶지 않아.
我不想请假。	나 휴가 내고 싶지 않아.

단어
聊天 liáotiān 잡담을 하다 / 请假 qǐngjià 휴가를 내다

Chapter 4

부사 패턴

30 我也知道。
저도 알아요.

也 | ~도

한글중국어	병음중국어
워 예 쯔다오.	Wǒ yě zhīdao.
워 예 밍바이.	Wǒ yě míngbai.
워 예 런으 타.	Wǒ yě rènshi tā.
워 예 리지에 니 더 신칭.	Wǒ yě lǐjiě nǐ de xīnqíng.
워 예 리아오지에 칭쿠앙.	Wǒ yě liǎojiě qíngkuàng.

단어
也 yě 도 / 明白 míngbai 이해하다 / 认识 rènshi (사람, 길, 글자를) 알다 / 理解 lǐjiě 이해하다

'也 yě'는 '~도'라는 뜻의 부사로, 주어 뒤, 서술어 앞에 위치합니다.

한자중국어	중국어로 말하기
我也知道。	저도 알아요.
我也明白。	저도 이해해요.
我也认识他。	저도 그를 알아요.
我也理解你的心情。	나도 네 마음 이해해.
我也了解情况。	나도 상황을 이해하고 있어.

단어
心情 xīnqíng 기분 / 了解 liǎojiě (잘) 알다, 이해하다 / 情况 qíngkuàng 상황

31

그들은 다 너를 환영해.
他们都欢迎你。

都 | 다, 모두

한글중국어	병음중국어
타먼 떠우 후안잉 니.	Tāmen dōu huānyíng nǐ.
타먼 떠우 시앤무 니.	Tāmen dōu xiànmù nǐ.
타먼 떠우 딴신 니.	Tāmen dōu dānxīn nǐ.
타먼 떠우 비아오양 니.	Tāmen dōu biǎoyáng nǐ.
타먼 떠우 피핑 니.	Tāmen dōu pīpíng nǐ.

단어
都 dōu 다, 모두 / 欢迎 huānyíng 환영하다 / 羡慕 xiànmù 부러워하다

'都 dōu'는 '모두, 다, 전부'라는 뜻으로, 중국인들은 주어에 복수의 개념이 있으면 그 주어 뒤에 '都'를 넣어 말하는 습관이 있습니다.

한자중국어 ▶ 중국어로 말하기

他们都欢迎你。　　　그들은 다 너를 환영해.

他们都羡慕你。　　　그들은 다 너를 부러워해.

他们都担心你。　　　그들은 다 너를 걱정해.

他们都表扬你。　　　그들은 다 너를 칭찬해.

他们都批评你。　　　그들은 다 너를 비난해.

단어
担心 dānxīn 걱정하다 / 表扬 biǎoyáng 칭찬하다 / 批评 pīpíng 비난하다, 꾸짖다

32

저 회의 중입니다.
我在开会呢。

在~(呢) | ~하고 있는 중이다

한글중국어	병음중국어
워 짜이 카이후이 너.	Wǒ zài kāihuì ne.
워 짜이 시에 빠오까오 너.	Wǒ zài xiě bàogào ne.
워 짜이 칸 빠오 너.	Wǒ zài kàn bào ne.
워 짜이 후아쭈앙 너.	Wǒ zài huàzhuāng ne.
워 짜이 뚜안리앤 션티 너.	Wǒ zài duànliàn shēntǐ ne.

단어
在 zài ~하고 있는 중이다 / 呢 ne 어기조사 * 동작의 진행을 나타냄 / 开会 kāihuì 회의를 하다
写 xiě 쓰다

'~하고 있는 중이다'라고 진행을 표현할 때는 '在~呢 zài~ne' 패턴을 씁니다. 그런데 동사 앞에 부사 '在~'만 쓰거나 문장 끝에 조사 '呢 ne'만 써도 '~하고 있는 중이다'라는 뜻이 됩니다.

한자중국어	중국어로 말하기
我在开会呢。	저 회의 중입니다.
我在写报告呢。	저 보고서 쓰고 있어요.
我在看报呢。	저 신문 보고 있어요.
我在化妆呢。	저 화장하고 있어요.
我在锻炼身体呢。	저 운동하고 있어요.

단어
报告 bàogào 보고서 / 看报 kàn bào 신문을 보다 / 化妆 huàzhuāng 화장하다
锻炼 duànliàn 단련하다, 운동하다 / 身体 shēntǐ 몸, 신체

33 그녀는 이미 취업했어요.
她已经就业了。

已经 | 이미, 벌써

한글중국어	병음중국어
타 이찡 찌우얘 러.	Tā yǐjing jiùyè le.
타 이찡 츠쯔 러.	Tā yǐjing cízhí le.
타 이찡 쭈위앤 러.	Tā yǐjing zhùyuàn le.
타 이찡 쭈위앤 러.	Tā yǐjing chūyuàn le.
타 이찡 리카이 워 러.	Tā yǐjing líkāi wǒ le.

단어
已经 yǐjing 이미, 벌써 / 就业 jiùyè 취업하다 / 辞职 cízhí 사직하다

'已经 yǐjing'은 '이미, 벌써'라는 뜻의 부사입니다. '已经~了'의 패턴으로 많이 쓰이는데요, '已经'은 반드시 동사 앞에 쓰고, '了'는 어기 조사로 문장 끝에 놓습니다.

한자중국어	중국어로 말하기
她已经就业了。	그녀는 이미 취업했어요.
她已经辞职了。	그녀는 이미 사직했어요.
她已经住院了。	그녀는 이미 입원했어요.
她已经出院了。	그녀는 이미 퇴원했어요.
她已经离开我了。	그녀는 이미 나를 떠났어요.

단어
住院 zhùyuàn 입원하다 / 出院 chūyuàn 퇴원하다 / 离开 líkāi 떠나다

34

그는 아직 점심을 안 먹었어요.
他还没吃午饭。

还 | 아직

한글중국어	병음중국어
타 하이 메이 츠 우판.	Tā hái méi chī wǔfàn.
타 하이 메이 빤찌아.	Tā hái méi bānjiā.
타 하이 메이 쟈오 꿍쭈오.	Tā hái méi zhǎo gōngzuò.
타 하이 메이 쭈오 쭌빼이.	Tā hái méi zuò zhǔnbèi.
타 하이 메이 통구오 카오쓰.	Tā hái méi tōngguò kǎoshì.

단어
还 hái 아직 / 午饭 wǔfàn 점심밥 / 搬家 bānjiā 이사하다 / 找 zhǎo 찾다, 구하다
工作 gōngzuò 일, 직업

 '还 hái'는 여러 가지 뜻이 많은 부사로, 그 중에서 많이 쓰이는 뜻은 '아직'입니다. '还'가 '아직'이라는 뜻으로 쓰이면 뒤에 부정부사 '不 bù'나 '没 méi'와 잘 어울려 씁니다.

한자중국어	중국어로 말하기
他还没吃午饭。	그는 아직 점심을 안 먹었어요.
他还没搬家。	그는 아직 이사 안 했어요.
他还没找工作。	그는 아직 직업을 못 찾았어요.
他还没做准备。	그는 아직 준비를 못 했어요.
他还没通过考试。	그는 아직 시험 통과를 못 했어요.

단어
做 zuò 하다 / 准备 zhǔnbèi 준비(하다) / 通过 tōngguò 통과하다 / 考试 kǎoshì 시험(을 보다)

Chapter 4 | 부사 패턴

35 | 다른 거 더 필요하세요?
你还要别的吗?

还 | 더, 또

| 한글 중국어 | 병음 중국어 |

니 하이 야오 비에더 마?
Nǐ hái yào biéde ma?

워 하이 야오 마이 네이이.
Wǒ hái yào mǎi nèiyī.

워 하이 야오 츠 티앤디앤.
Wǒ hái yào chī tiándiǎn.

워 하이 야오 칸 시아오슈오.
Wǒ hái yào kàn xiǎoshuō.

워 하이 야오 쭈오 셩이.
Wǒ hái yào zuò shēngyì.

단어
还 hái 더, 또 / 别的 biéde 다른 것, 딴 것 / 买 mǎi 사다, 구매하다 / 内衣 nèiyī 속옷

'还 hái'는 '아직'이라는 뜻 외에 '또, 더'라는 뜻으로도 잘 씁니다.
'还'가 '또, 더'라는 뜻으로 쓰이면 뒤에 조동사 '要 yào'와 잘 어울려 씁니다.

한자중국어	중국어로 말하기
你还要别的吗?	다른 거 더 필요하세요?
我还要买内衣。	저 속옷도 사려고 해요.
我还要吃甜点。	저 디저트도 먹으려고 해요.
我还要看小说。	저 소설책도 보려고 해요.
我还要做生意。	저 장사도 하려고 해요.

단어
甜点 tiándiǎn 디저트 / 小说 xiǎoshuō 소설 / 生意 shēngyì 장사

36 우리 다시 약속 잡자!
我们再约吧!

再 | 다시

한글중국어	병음중국어
워먼 짜이 위에 바!	Wǒmen zài yuē ba!
워먼 짜이 리앤시 바!	Wǒmen zài liánxì ba!
워먼 짜이 썅리앙 바!	Wǒmen zài shāngliang ba!
워먼 짜이 탄 탄 바!	Wǒmen zài tán tan ba!
워먼 짜이 쓰 쓰 바!	Wǒmen zài shì shi ba!

단어
再 zài 다시 / 约 yuē 약속하다 / 吧 ba ~하자 / 联系 liánxì 연락하다 / 商量 shāngliang 상의하다

'再 zài'는 '재차(再次)', '재회(再會)', '재혼(再婚)'이라고 할 때 '다시 재(再)'자입니다.
'또, 다시'를 뜻하는 부사로, 일반적으로 앞으로 일어날 일에 대해 씁니다.

한자중국어	중국어로 말하기
我们再约吧！	우리 다시 약속 잡자!
我们再联系吧！	우리 다시 연락하자!
我们再商量吧!	우리 다시 상의하자!
我们再谈谈吧!	우리 다시 얘기 좀 하자!
我们再试试吧!	우리 다시 한 번 해보자!

단어
谈 tán 이야기하다 / 试 shì 시도하다, 시험 삼아 해 보다

37 너 또 지각했어!
你又迟到了!

又 | 또, 다시

한글 중국어	병음 중국어
니 요우 츠따오 러!	Nǐ yòu chídào le!
니 요우 간마오 러!	Nǐ yòu gǎnmào le!
니 요우 띠우 똥시 러!	Nǐ yòu diū dōngxi le!
니 요우 츠 링쓰 아!	Nǐ yòu chī língshí a!
니 요우 왈 요우시 아!	Nǐ yòu wánr yóuxì a!

단어
又 yòu 또, 다시 / 迟到 chídào 지각하다 / 感冒 gǎnmào 감기 (걸리다) / 丢 diū 잃다
东西 dōngxi 물건 / 零食 língshí 군것질, 간식

'又 yòu'도 '또, 다시'의 뜻을 나타내는 부사이지만, '又'는 주로 이미 했던 일을 또 다시 반복해서 할 때 자주 씁니다. 또한 약간의 부정적인 어감이 담겨 있다는 것도 알아 두세요!

한자중국어	중국어로 말하기
你又迟到了！	너 또 지각했어!
你又感冒了！	너 또 감기 걸렸어!
你又丢东西了！	너 또 물건 잃어버렸어!
你又吃零食啊！	너 또 군것질해!
你又玩儿游戏啊！	너 또 게임해!

단어
啊 a 감탄을 나타내는 어기조사 / 玩儿 wánr 놀다 / 游戏 yóuxì 게임

38 그는 틀림없이 성공할 거예요
他一定会成功的。
一定 | 틀림없이

한 글 중 국 어	병 음 중 국 어
타 이띵 후이 쳥꿍 더.	Tā yídìng huì chénggōng de.
타 이띵 후이 융꿍 더.	Tā yídìng huì yònggōng de.
타 이띵 후이 쭈시앤 더.	Tā yídìng huì chūxiàn de.
타 이띵 후이 찌에쎠우 더.	Tā yídìng huì jiēshòu de.
타 이띵 후이 쓰왕 더.	Tā yídìng huì shīwàng de.

단어
一定 yídìng 틀림없이 / 会~(的) huì~(de) ~일 것이다 / 成功 chénggōng 성공하다
用功 yònggōng 열심히 하다

'一定 yídìng'은 '반드시, 필히'라는 뜻의 부사입니다. '一'는 본래 1성인데 뒤에 4성이 있으면 2성으로 바꿔서 'yídìng'이라고 발음합니다. 또한 '반드시 ~일(/할) 것이다'라고 말하게 되니까 '一定' 뒤에 조동사 '会 huì'나 '要 yào'가 잘 따라옵니다.

한자중국어	중국어로 말하기
他一定会成功的。	그는 틀림없이 성공할 거예요.
他一定会用功的。	그는 틀림없이 열심히 할 거예요.
他一定会出现的。	그는 틀림없이 나타날 거예요.
他一定会接受的。	그는 틀림없이 받아들일 거예요.
他一定会失望的。	그는 틀림없이 실망할 거예요.

단어
出现 chūxiàn 나타나다 / 接受 jiēshòu 받아들이다 / 失望 shīwàng 실망하다

39 곧 출발할 거예요.
马上就出发了。

马上就...了 | 곧 ~하다

한글중국어 / 병음중국어

마샹 찌우 츄ㅇ파 러.
Mǎshàng jiù chūfā le.

마샹 찌우 카이쓰 러.
Mǎshàng jiù kāishǐ le.

마샹 찌우 지에쓔 러.
Mǎshàng jiù jiéshù le.

마샹 찌우 쓰시앤 러.
Mǎshàng jiù shíxiàn le.

마샹 찌우 투이시우 러.
Mǎshàng jiù tuìxiū le.

단어
马上 mǎshàng 곧 / 就~了 jiù~le 곧~하다 / 出发 chūfā 출발하다 / 开始 kāishǐ 시작하다

'就 jiù'는 '곧, 바로'라는 뜻의 부사입니다. '马上 mǎshàng'도 '곧, 바로'라는 의미의 부사인데, '马上就'의 순서로 써서 강조해서 말하기도 하며, 또 문장 끝에 미래 완료를 나타내는 '了'를 써서 말하는 습관이 있습니다.

한자중국어	중국어로 말하기
马上就出发了。	곧 출발할 거예요.
马上就开始了。	곧 시작할 거예요.
马上就结束了。	곧 끝날 거예요.
马上就实现了。	곧 실현될 거예요.
马上就退休了。	곧 퇴직할 거예요.

단어
结束 jiéshù 끝나다 / 实现 shíxiàn 실현되다 / 退休 tuìxiū 퇴직하다

Chapter 5

전치사 패턴

40 나 집에서 쉬어.
我在家休息。

在 | ~에서

한글중국어 / 병음중국어

워 짜이 찌아 시우시.
Wǒ zài jiā xiūxi.

워 짜이 찌아 쭈오 윈똥.
Wǒ zài jiā zuò yùndòng.

워 짜이 찌아 시 완.
Wǒ zài jiā xǐ wǎn.

워 짜이 찌아 시 이쭈.
Wǒ zài jiā xǐ yīfu.

워 짜이 찌아 다싸오 웨이셩.
Wǒ zài jiā dǎsǎo wèishēng.

단어
在 zài 에서 / 休息 xiūxi 쉬다 / 运动 yùndòng 운동(하다) / 洗 xǐ 씻다
碗 wǎn 그릇 *洗碗 설거지하다

'在 zài'가 전치사로 쓰일 때는 '~에서'라는 뜻이며, '在+장소+동사'의 형태로 써서 '장소에서 동사하다'라는 뜻을 나타냅니다.

> 한 자 중 국 어   중 국 어 로 말 하 기

我在家休息。   나 집에서 쉬어.

我在家做运动。   나 집에서 운동해.

我在家洗碗。   나 집에서 설거지해.

我在家洗衣服。   나 집에서 세탁해.

我在家打扫卫生。   나 집에서 청소해.

단어
衣服 yīfu 옷 *洗衣服 세탁하다 / 打扫 dǎsǎo 청소하다 / 卫生 wèishēng 위생(적이다)
* 打扫卫生 청소하다

41

그가 나에게 선물을 사주었어요.
他给我买礼物了。

给 | ~에게

한글중국어	병음중국어
타 게이 워 마이 리우 러.	Tā gěi wǒ mǎi lǐwù le.
타 게이 워 다 띠앤후아 러.	Tā gěi wǒ dǎ diànhuà le.
타 게이 워 파 두안신 러.	Tā gěi wǒ fā duǎnxìn le.
타 게이 워 파 띠앤요우 러.	Tā gěi wǒ fā diànyóu le.
타 게이 워 파 지앙찐 러.	Tā gěi wǒ fā jiǎngjīn le.

단어
给 gěi ~에게 / 礼物 lǐwù 선물 / 打 dǎ 걸다, 치다 / 电话 diànhuà 전화 / 发 fā 보내다

'给 gěi'가 전치사로 쓰이면 '~에게'라는 뜻입니다. '주어+给+누구+동사'의 형태로 써서, '누구에게 동사해주다'란 뜻입니다.

한자중국어	중국어로 말하기
他给我买礼物了。	그가 나에게 선물을 사주었어요.
他给我打电话了。	그가 나에게 전화를 했어요.
他给我发短信了。	그가 나에게 문자를 보냈어요.
他给我发电邮了。	그가 나에게 이메일을 보냈어요.
他给我发奖金了。	그가 나에게 보너스를 줬어요.

단어
短信 duǎnxìn 문자 / 电邮 diànyóu 이메일 / 奖金 jiǎngjīn 보너스, 상여금

42

나 너랑 같이 수업할래.
我跟你一起上课。

跟 | ~랑, ~와

한글중국어	병음중국어
워 껀 니 이치 썅크어.	Wǒ gēn nǐ yìqǐ shàngkè.
워 껀 니 이치 싼뿌.	Wǒ gēn nǐ yìqǐ sànbù.
워 껀 니 이치 지앤페이.	Wǒ gēn nǐ yìqǐ jiǎnféi.
워 껀 니 이치 챵끄어.	Wǒ gēn nǐ yìqǐ chànggē.
워 껀 니 이치 찬지아.	Wǒ gēn nǐ yìqǐ cānjiā.

단어
跟 gēn 와, 과, 랑 / 一起 yìqǐ 같이 / 上课 shàngkè 수업을 하다 / 散步 sànbù 산책하다

전치사 '跟 gēn'은 '~와'라는 뜻입니다. 보통 'A+跟+B+(一起)'의 형태로 써서 'A는 B와 함께'라는 뜻을 나타냅니다.

한자중국어	중국어로 말하기
我跟你一起上课。	나 너랑 같이 수업할래.
我跟你一起散步。	나 너랑 같이 산책할래.
我跟你一起减肥。	나 너랑 같이 다이어트할래.
我跟你一起唱歌。	나 너랑 같이 노래할래.
我跟你一起参加。	나 너랑 같이 참가할래.

단어
减肥 jiǎnféi 다이어트하다 / 唱歌 chànggē 노래하다 / 参加 cānjiā 참가하다

43 你把嘴张开。
입을 벌리세요.

把 | ~을/를

한글중국어	병음중국어
니 바 주이 쨩카이.	Nǐ bǎ zuǐ zhāngkāi.
니 바 쮸앙후 다카이.	Nǐ bǎ chuānghu dǎkāi.
타 바 신슈이 후아완 러.	Tā bǎ xīnshuǐ huāwán le.
타 바 치앤빠오 터우 러.	Tā bǎ qiánbāo tōu le.
타 바 엉판 렁 러.	Tā bǎ shèngfàn rēng le.

단어
把 bǎ ~을/를 *목적어를 강조해 주는 전치사 / 嘴 zuǐ 입 / 张开 zhāngkāi 벌리다
窗户 chuānghu 창문 / 打开 dǎkāi 열다 / 薪水 xīnshuǐ 월급

중국어도 영어처럼 '주어+동사+목적어'의 어순인데, 전치사 '把 bǎ'를 쓰면 목적어가 서술어 앞에 오고 이렇게 하면 목적어를 강조할 수 있습니다.
또한 서술어 뒤에 '결과보어'가 오거나 '了'가 오는 경우가 많습니다.

한자중국어	중국어로 말하기
你把嘴张开。	입을 벌리세요.
你把窗户打开。	창문을 열어요.
他把薪水花完了。	그는 월급을 다 써버렸어요.
他把钱包偷了。	그는 지갑을 훔쳤어요.
他把剩饭扔了。	그는 남은 밥을 버렸어요.

단어
花 huā 쓰다 * 동사+完了 wán le 다 동사했다 / 钱包 qiánbāo 지갑 / 偷 tōu 훔치다
剩饭 shèngfàn (먹다) 남은 밥 / 扔 rēng 버리다

44

나 서비스에 만족해.
我对服务很满意。
对+무엇+满意 | ~에 대해 만족하다

한글중국어	병음중국어
워 뚜이 푸우 헌 만이.	Wǒ duì fúwù hěn mǎnyì.
워 뚜이 쭈앙시우 헌 만이.	Wǒ duì zhuāngxiū hěn mǎnyì.
워 뚜이 꿍쯔 헌 만이.	Wǒ duì gōngzī hěn mǎnyì.
워 뚜이 청찌 뿌 만이.	Wǒ duì chéngjì bù mǎnyì.
워 뚜이 페이용 뿌 만이.	Wǒ duì fèiyòng bù mǎnyì.

단어
对 duì ~에 대해
满意 mǎnyì 만족하다 * 对~满意 ~에 대해 만족하다 * 对~不满意 ~에 만족하지 않다

'对 duì'는 '대할 대(對)'자의 '간체자'로, 전치사로 써서 '~에 대해'라는 뜻입니다.
'对+무엇+很满意 hěn mǎnyì/不满意 bù mǎnyì'의 패턴으로 쓰면 '무엇에 대해 만족하다/만족하지 않다'라는 뜻입니다.

한자중국어	중국어로 말하기
我对服务很满意。	나 서비스에 만족해.
我对装修很满意。	나 인테리어에 만족해.
我对工资很满意。	나 월급에 만족해.
我对成绩不满意。	나 성적에 만족하지 않아.
我对费用不满意。	나 비용에 만족하지 않아.

단어
服务 fúwù 서비스 / 装修 zhuāngxiū 인테리어 / 工资 gōngzī 월급 / 成绩 chéngjì 성적
费用 fèiyòng 비용

45 나는 역사에 흥미가 있다.
我对历史有兴趣。
对+무엇+有兴趣 | ~에 대해 흥미가 있다

한글중국어	병음중국어
워 뚜이 리쓰 요우 싱취.	Wǒ duì lìshǐ yǒu xìngqu.
워 뚜이 원쉬에 요우 싱취.	Wǒ duì wénxué yǒu xìngqu.
워 뚜이 크어쉬에 요우 싱취.	Wǒ duì kēxué yǒu xìngqu.
워 뚜이 쩡쯔 메이요우 싱취.	Wǒ duì zhèngzhì méiyǒu xìngqu.
워 뚜이 찡찌 메이 싱취.	Wǒ duì jīngjì méi xìngqu.

단어
兴趣 xìngqu 흥미, 취미 * 对~有兴趣 ~에 흥미/관심이 있다
* 对~没(有)兴趣 ~에 흥미/관심이 없다

'对 duì'는 전치사로 써서 '~에 대해'라는 뜻이 있고, '对+무엇+有兴趣 yǒu xìngqu/没(有)兴趣 méi(yǒu) xìngqu'의 패턴으로 쓰면 '무엇에 대해 흥미가 있다/흥미가 없다'라는 뜻입니다.

한자중국어	중국어로 말하기
我对历史有兴趣。	나는 역사에 흥미가 있다.
我对文学有兴趣。	나는 문학에 흥미가 있다.
我对科学有兴趣。	나는 과학에 흥미가 있다.
我对政治没有兴趣。	나는 정치에 관심이 없다.
我对经济没兴趣。	나는 경제에 관심이 없다.

단어

历史 lìshǐ 역사 / 文学 wénxué 문학 / 科学 kēxué 과학 / 政治 zhèngzhì 정치 / 经济 jīngjì 경제

46 你比我细心。
네가 나보다 세심해.

比 | ~보다

| 한글중국어 | 병음중국어 |

ⱽⱽⱽ˅ˉ
니 비 워 시신.

Nǐ bǐ wǒ xìxīn.

ⱽⱽⱽ˅ˉˉ
니 비 워 껑 추신.

Nǐ bǐ wǒ gèng cūxīn.

ⱽⱽⱽ˅ˉ
니 비 워 껑 총밍.

Nǐ bǐ wǒ gèng cōngming.

ⱽⱽⱽ⁄˅
니 비 워 하이 뻔.

Nǐ bǐ wǒ hái bèn.

ⱽⱽⱽ⁄˅
니 비 워 하이 피아오리앙.

Nǐ bǐ wǒ hái piàoliang.

단어
比 bǐ ~보다 / 细心 xìxīn 세심하다 / 更 gèng 더, 더욱 / 粗心 cūxīn 세심하지 않다

'比 bǐ'는 '~보다, ~에 비해'라는 뜻의 전치사입니다. 'A+比+B+(还/更)+형용사'의 형태로 써서, 'A가 B보다 (더) 형용사하다'라는 뜻이 됩니다.

한자중국어	중국어로 말하기
你比我细心。	네가 나보다 세심해.
你比我更粗心。	네가 나보다 더 세심하지 않아.
你比我更聪明。	네가 나보다 더 똑똑해.
你比我还笨。	네가 나보다 더 멍청해.
你比我还漂亮。	네가 나보다 더 예뻐.

단어
聪明 cōngming 똑똑하다 / 还 hái 더, 더욱 / 笨 bèn 멍청하다 / 漂亮 piàoliang 예쁘다

47

그녀는 너를 위해 기도해 줄 거야.
她会为你祈祷的。

为 | ~위해

한글중국어	병음중국어
타 후이 웨이 니 치다오 더.	Tā huì wèi nǐ qídǎo de.
타 후이 웨이 니 시영 더.	Tā huì wèi nǐ xīshēng de.
타 후이 웨이 니 딴신 더.	Tā huì wèi nǐ dānxīn de.
타 후이 웨이 니 지에쓰 더.	Tā huì wèi nǐ jiěshì de.
타 후이 웨이 니 칭쭈 더.	Tā huì wèi nǐ qìngzhù de.

단어
为 wèi (누구)를 위해 ~주다 / 祈祷 qídǎo 기도(하다) / 会~(的) ~일 것이다

'为 wèi'는 '위하여!'라고 할 때 '할 위(爲)'자의 '간체자'로, 전치사로 써서 '~를 위해'라는 뜻입니다. '为+누구+동사'의 형식으로 써서 '누구를 위해 동사하다'라는 뜻입니다.

한자중국어	중국어로 말하기
她会为你祈祷的。	그녀는 너를 위해 기도해 줄 거야.
她会为你牺牲的。	그녀는 너를 위해 희생해 줄 거야.
她会为你担心的。	그녀는 너를 위해 걱정해 줄 거야.
她会为你解释的。	그녀는 너를 위해 변명해줄 거야.
她会为你庆祝的。	그녀는 너를 위해 축하해줄 거야.

단어
牺牲 xīshēng 희생(하다) / 担心 dānxīn 걱정하다 / 解释 jiěshì 변명하다 / 庆祝 qìngzhù 축하하다

Chapter 6

이중목적어 패턴

48

그가 나에게 핸드백을 주었다.
他送我手提包了。
送+A+B | A에게 B를 선물하다

한글중국어	병음중국어
타 쏭 워 셔우티빠오 러.	Tā sòng wǒ shǒutíbāo le.
타 쏭 워 와와 러.	Tā sòng wǒ wáwa le.
타 쏭 워 완쮜 러.	Tā sòng wǒ wánjù le.
타 쏭 워 메이꾸이 러.	Tā sòng wǒ méiguì le.
타 쏭 워 시앙슈이 러.	Tā sòng wǒ xiāngshuǐ le.

단어
送 song (누구)에게 (무엇을) 선물로 주다 / 手提包 shǒutíbāo 핸드백

'送 sòng'도 '给 gěi'와 같이 '주다'라는 뜻의 동사로, '送+누구+무엇'의 형태로 써서 '누구에게 무엇을 주다, 선물하다'라는 의미를 가집니다.

한자중국어	중국어로 말하기
他送我手提包了。	그가 나에게 핸드백을 주었다.
他送我娃娃了。	그가 나에게 인형을 주었다.
他送我玩具了。	그가 나에게 장난감을 주었다.
他送我玫瑰了。	그가 나에게 장미를 주었다.
他送我香水了。	그가 나에게 향수를 주었다.

단어
娃娃 wáwa 인형 / 玩具 wánjù 장난감 / 玫瑰 méigui 장미 / 香水 xiāngshuǐ 향수

Chapter 6 | 이중목적어 패턴

49

내가 너에게 연필 빌려줄게.
我借你铅笔。

借+A+B | A에게 B를 빌려주다

한글중국어	병음중국어
ˇ ˋ ˇ ˉˇ 워 찌에 니 치앤비.	Wǒ jiè nǐ qiānbǐ.
ˇ ˋ ˇ ˊˉˇ 워 찌에 니 위앤쭈비.	Wǒ jiè nǐ yuánzhūbǐ.
ˇ ˊ ˋ ˇ ˇ ˉ 니 넝 찌에 워 지앤따오 마?	Nǐ néng jiè wǒ jiǎndāo ma?
ˇ ˊ ˋ ˇ ˋˊ 니 넝 찌에 워 시앙피 마?	Nǐ néng jiè wǒ xiàngpí ma?
ˇ ˊ ˋ ˇˇ 니 넝 찌에 워 츠즈 마?	Nǐ néng jiè wǒ chǐzi ma?

단어
借 jiè 빌려주다, 빌리다 / 铅笔 qiānbǐ 연필 / 圆珠笔 yuánzhūbǐ 볼펜

'借 jiè'는 '빌려주다, 빌리다' 두 가지 뜻이 다 있는데, '借+누구+무엇'의 패턴은 일반적으로
'누구에게 무엇을 빌려주다'라는 뜻으로 씁니다.

| 한자중국어 | 중국어로 말하기 |

我借你铅笔。 내가 너에게 연필 빌려줄게.

我借你圆珠笔。 내가 너에게 볼펜 빌려줄게.

你能借我剪刀吗? 가위 빌려줄래?

你能借我橡皮吗? 지우개 빌려줄래?

你能借我尺子吗? 자 빌려줄래?

단어
能 néng 할 수 있다 / 剪刀 jiǎndāo 가위 / 橡皮 xiàngpí 지우개 / 尺子 chǐzi 자

50

비누 돌려 줄게.
我还你香皂。

还+A+B | A에게 B를 돌려주다

> 한글중국어 　　　 병음중국어

워 후안 니 시앙짜오.

Wǒ huán nǐ xiāngzào.

워 후안 니 야까오.

Wǒ huán nǐ yágāo.

워 후안 니 시파쉐이.

Wǒ huán nǐ xǐfàshuǐ.

워 후안 니 슈즈.

Wǒ huán nǐ shūzi.

워 후안 니 쯔지아따오.

Wǒ huán nǐ zhǐjiadāo.

단어

还 huán 돌려주다 / 香皂 xiāngzào 비누 / 牙膏 yágāo 치약

'还'가 부사로 쓰일 때는 'hái'라고 읽고 뜻이 '또, 아직'인데, 동사로 쓸 경우에는 'huán' 이라고 읽고, '还+누구+무엇'의 형태로 써서, '누구에게 무엇을 돌려주다'라는 뜻으로 씁니다.

한자중국어	중국어로 말하기
我还你香皂。	비누 돌려 줄게.
我还你牙膏。	치약 돌려 줄게.
我还你洗发水。	샴푸 돌려 줄게.
我还你梳子。	빗 돌려 줄게.
我还你指甲刀。	손톱깎이 돌려 줄게.

단어
洗发水 xǐfàshuǐ 샴푸 / 梳子 shūzi 빗 / 指甲刀 zhǐjiadāo 손톱깎이

51 그는 나에게 프랑스어를 가르쳐줘요.
他教我法语。

教+A+B | A에게 B를 가르치다

한글중국어 | **병음중국어**

타 찌아오 워 퐈위. | Tā jiāo wǒ fǎyǔ.

타 찌아오 워 드어위. | Tā jiāo wǒ déyǔ.

타 찌아오 워 탄 깡친. | Tā jiāo wǒ tán gāngqín.

타 찌아오 워 타이취앤따오. | Tā jiāo wǒ táiquándào.

타 찌아오 워 타이지취앤. | Tā jiāo wǒ tàijíquán.

단어
教 jiāo 가르치다 / 法语 fǎyǔ 프랑스어 / 德语 déyǔ 독일어 / 弹 tán 치다, 타다, 연주하다

'教 jiāo'는 '가르치다'는 뜻의 동사입니다. '教+누구+내용'의 형태로 써서, '누구에게 내용을 가르치다'로 해석됩니다.

한 자 중 국 어	중 국 어 로 말 하 기
他教我法语。	그는 나에게 프랑스어를 가르쳐줘요.
他教我德语。	그는 나에게 독일어를 가르쳐줘요.
他教我弹钢琴。	그는 나에게 피아노 치는 것을 가르쳐줘요.
他教我跆拳道。	그는 나에게 태권도를 가르쳐줘요.
他教我太极拳。	그는 나에게 태극권을 가르쳐줘요.

단어
钢琴 gāngqín 피아노 / 跆拳道 táiquándào 태권도 / 太极拳 tàijíquán 태극권

52

그가 나에게 주소를 물었어요.
他问我地址。
问+A+B | A에게 B를 묻다

한글중국어	병음중국어
타 원 워 띠쯔.	Tā wèn wǒ dìzhǐ.
타 원 워 션까오.	Tā wèn wǒ shēngāo.
타 원 워 리앤시 팡으.	Tā wèn wǒ liánxì fāngshì.
타 원 워 쩐머 청후.	Tā wèn wǒ zěnme chēnghu.
타 원 워 아이하오 스 션머.	Tā wèn wǒ àihào shì shénme.

단어
问 wèn 묻다 / 地址 dìzhǐ 주소 / 身高 shēngāo 신장 / 联系方式 liánxì fāngshì 연락처

 '问 wèn'은 '물을 문(問)'의 간체자로 '묻다'라는 뜻의 동사입니다. '问+누구+내용'의 형태로 써서 '누구에게 내용을 묻다'라는 뜻이 됩니다.

한자중국어	중국어로 말하기
他问我地址。	그가 나에게 주소를 물었어요.
他问我身高。	그가 나에게 신장을 물었어요.
他问我联系方式。	그가 나에게 연락처를 물었어요.
他问我怎么称呼。	그가 나에게 어떻게 불러야하냐고 물었어요.
他问我爱好是什么。	그가 나에게 취미가 뭐냐고 물었어요.

단어
怎么 zěnme 어떻게 / 称呼 chēnghu 부르다 / 爱好 àihào 취미

53 내가 너에게 비밀 하나를 알려 줄게.
我告诉你一个秘密。

告诉+A+B | A에게 B를 알려주다

한글중국어 / 병음중국어

워 까오수 니 이 그어 미미.
Wǒ gàosu nǐ yí ge mìmì.

워 까오수 니 이 그어 시아오시.
Wǒ gàosu nǐ yí ge xiāoxi.

워 까오수 니 이 그어 신시.
Wǒ gàosu nǐ yí ge xìnxī.

워 까오수 니 이 찌앤 쓰.
Wǒ gàosu nǐ yí jiàn shì.

워 까오수 니 쩐머 저우.
Wǒ gàosu nǐ zěnme zǒu.

단어
告诉 gàosu 알려주다 / 秘密 mìmì 비밀 / 消息 xiāoxi 소식 / 信息 xìnxī 정보

'告诉 gàosu'는 '알리다, 말하다'라는 뜻의 동사입니다. '告诉+누구+내용'의 형태로 써서, '누구에게 내용을 알려주다'의 뜻으로 해석됩니다.

한자중국어	중국어로 말하기
我告诉你一个秘密。	내가 너에게 비밀 하나를 알려 줄게.
我告诉你一个消息。	내가 너에게 소식 하나를 알려 줄게.
我告诉你一个信息。	내가 너에게 정보 하나를 알려 줄게.
我告诉你一件事。	내가 너에게 한가지 일을 알려 줄게.
我告诉你怎么走。	내가 너에게 어떻게 가는지를 알려 줄게.

단어

件 jiàn 건 *일을 세는 양사 / 事 shì 일 / 怎么 zěnme 어떻게 / 走 zǒu 걷다, 가다

Chapter 7

겸어문 패턴

54

내가 너 밥 사줄게.
我请你吃饭。
请+겸어+동사 | 겸어가 동사할 것을 청하다

한글중국어	병음중국어
워 칭 니 츠 판.	Wǒ qǐng nǐ chī fàn.
워 칭 니 흐어 카페이.	Wǒ qǐng nǐ hē kāfēi.
칭 니 뚜오 츠 디알.	Qǐng nǐ duō chī diǎnr.
칭 니 츠 마라시앙꾸오.	Qǐng nǐ chī máláxiāngguō.
칭 니 칸 앤양후이.	Qǐng nǐ kàn yǎnchànghuì.

단어
请 qǐng 청하다, 부탁하다 / 吃饭 chī fàn 밥을 먹다 / 喝 hē 마시다 / 咖啡 kāfēi 커피
(一)点儿 (yì)diǎnr 조금

겸어문이란 '한 문장에서 두 가지 역할을 겸하는 성분이 들어간 문장'을 말합니다. '请 qǐng'은 '청할 청(請)'자의 간체자이고, '부탁하다, 청하다'라는 뜻의 동사입니다. 중국 사람들은 '请 qǐng'을 사용한 겸어문을 많이 쓰는데요, 그 순서는 '(주어)+请+겸어+동사'이며, '(주어는) 겸어가 동사할 것을 청하다'라는 뜻이 됩니다.

한자중국어	중국어로 말하기
我请你吃饭。	내가 너 밥 사줄게.
我请你喝咖啡。	내가 너 커피 사줄게.
请你多吃点儿。	좀 많이 드세요.
请你吃麻辣香锅。	마라시앙꾸오 사줄게.
请你看演唱会。	콘서트 티켓 사줄게.

단어
麻辣香锅 málàxiāngguō 마라시앙꾸오(chilly pot) / 演唱会 yǎnchànghuì 콘서트

Chapter 7 | 겸어문 패턴　**137**

55

그가 나에게 계산하라고 했다.
他让我买单。
让+겸어+동사 | 겸어에게 동사하라고 하다

한 글 중 국 어	병 음 중 국 어
타 랑 워 마이 딴.	Tā ràng wǒ mǎi dān.
타 랑 워 푸즈어.	Tā ràng wǒ fùzé.
타 랑 워 쭈오 주에띵.	Tā ràng wǒ zuò juédìng.
타 랑 워 시아 지에룬.	Tā ràng wǒ xià jiélùn.
타 랑 워 짜오꾸 니.	Tā ràng wǒ zhàogu nǐ.

단어
让 ràng ~하게하다, ~하게 시키다 / 买单 mǎi dān 계산하다 / 负责 fùzé 책임지다
决定 juédìng 결정(하다) /

'让 ràng'은 '사양할 양(讓)'자의 간체자인데, '~하게 하다, ~하게 시키다'라는 뜻입니다. 이 단어는 겸어문으로 많이 쓰이는데요. 그 순서는 '(주어)+让+겸어+동사'가 되며, '(주어는) 겸어에게 동사하라고 하다'라는 뜻이 됩니다.

한 자 중 국 어	중 국 어 로 말 하 기
他让我买单。	그가 나에게 계산하라고 했다.
他让我负责。	그가 나에게 책임지라고 했다.
他让我做决定。	그가 나에게 결정하라고 했다.
他让我下结论。	그가 나에게 결론을 내리라고 했다.
他让我照顾你。	그가 나에게 너를 보살펴주라고 했다.

단어
结论 jiélùn 결론 *下结论 결론을 내리다 / 照顾 zhàogu 보살피다

Chapter 7 | 겸어문 패턴 **139**

56 나는 그에게 지아오즈를 만들라고 했다.
我叫他做饺子。

叫+겸어+동사 | 겸어에게 동사하라고 하다

한글중국어	병음중국어
워 찌아오 타 쭈오 지아오즈.	Wǒ jiào tā zuò jiǎozi.
워 찌아오 타 비에 저우.	Wǒ jiào tā bié zǒu.
워 찌아오 타 차 띠반.	Wǒ jiào tā cā dìbǎn.
워 찌아오 타 쎠우쓰 똥시.	Wǒ jiào tā shōushi dōngxi.
워 찌아오 타 다싸오 팡찌앤.	Wǒ jiào tā dǎsǎo fángjiān.

단어
叫 jiào ~하게하다, ~하게 시키다 / 饺子 jiǎozi 물만두 / 别 bié 하지 마라 / 走 zǒu 걷다, 가다

'叫 jiào'는 원래 '~라고 부르다'라는 뜻의 동사지만, 겸어문에서는 '~하라고 시키다, ~하게 하다'라는 뜻으로 쓰입니다. 그 순서는 '주어+叫+겸어+동사'이며, '주어는 겸어에게 동사하라고 하다'라는 뜻입니다.

한자중국어	중국어로 말하기
我叫他做饺子。	나는 그에게 지아오즈를 만들라고 했다.
我叫他别走。	나는 그에게 가지 말라고 했다.
我叫他擦地板。	나는 그에게 바닥을 닦으라고 했다.
我叫他收拾东西。	나는 그에게 물건을 정리하라고 했다.
我叫他打扫房间。	나는 그에게 방을 청소하라고 했다.

단어
擦 cā 닦다 / 地板 dìbǎn 바닥 / 收拾 shōushi 정리하다 / 打扫 dǎsǎo 청소하다 / 房间 fángjiān 방

57

내가 너 드는 거 도와 줄게.
我帮你拿。
帮+겸어+동사 | 겸어가 동사하는 것을 돕다

한글중국어	병음중국어
워 빵 니 나.	Wǒ bāng nǐ ná.
워 빵 니 차 쮸오즈.	Wǒ bāng nǐ cā zhuōzi.
워 빵 니 빤 똥시.	Wǒ bāng nǐ bān dōngxi.
워 빵 니 윈 쳔샨.	Wǒ bāng nǐ yùn chènshān.
워 빵 니 쭈오 시앙무.	Wǒ bāng nǐ zuò xiàngmù.

단어
帮 bāng 돕다 / 拿 ná 들다 / 桌子 zhuōzi 탁자, 책상 / 搬 bān 옮기다

'帮 bāng'은 '돕다'라는 뜻의 동사입니다. 겸어문의 패턴은
'주어+帮+겸어+동사'이고, '주어는 겸어가 동사하는 것을 돕다'라는 뜻입니다.

> 한 자 중 국 어   > 중 국 어 로 말 하 기

我帮你拿。　　　　　　내가 너 드는 거 도와 줄게.

我帮你擦桌子。　　　　내가 너 책상 닦는 거 도와 줄게.

我帮你搬东西。　　　　내가 너 물건 옮기는 거 도와 줄게.

我帮你熨衬衫。　　　　내가 너 셔츠 다리는 거 도와 줄게.

我帮你做项目。　　　　내가 너 프로젝트하는 거 도와 줄게.

단어
熨 yùn 다리다 / 衬衫 chènshān 셔츠 / 项目 xiàngmù 프로젝트

58 너랑 같이 퇴근하려고 기다리고 있어.
等你一起下班呢。 等+겸어+동사 | 겸어랑 동사하려고 기다리다

한글중국어	병음중국어
덩 니 이치 시아빤 너.	Děng nǐ yìqǐ xiàbān ne.
덩 니 이치 흐어 쩌우 너.	Děng nǐ yìqǐ hē zhōu ne.
덩 니 이치 카오 러우 너.	Děng nǐ yìqǐ kǎo ròu ne.
덩 니 이치 치에 딴까오 너.	Děng nǐ yìqǐ qiē dàn'gāo ne.
덩 니 이치 취 뚜찌아 너.	Děng nǐ yìqǐ qù dùjià ne.

단어
等 děng 기다리다 / 一起 yìqǐ 같이 / 下班 xiàbān 퇴근하다 / 粥 zhōu 죽 / 烤肉 kǎo ròu 고기를 굽다

'等 děng'은 '기다리다'라는 뜻의 동사입니다. '等'의 겸어문 패턴은 '(주어)+等+겸어+(一起 yìqǐ)+동사+(呢)'이며, '(주어가) 겸어와 (같이) 동사하려고 기다리다'라는 뜻입니다.

한 자 중 국 어	중 국 어 로 말 하 기
等你一起下班呢。	너랑 같이 퇴근하려고 기다리고 있어.
等你一起喝粥呢。	너랑 같이 죽 먹으려고 기다리고 있어.
等你一起烤肉呢。	너랑 같이 고기 구우려고 기다리고 있어.
等你一起切蛋糕呢。	너랑 같이 케익 자르려고 기다리고 있어.
等你一起去度假呢。	너랑 같이 휴가 보내려고 기다리고 있어.

단어
切 qiē 자르다 / 蛋糕 dàn'gāo 케익 / 度假 dùjià 휴가 보내다

59 같이 저녁밥 먹어 줄게.
我陪你吃晚饭。
陪+겸어+동사 | 겸어와 같이 동사해주다

한글중국어	병음중국어
워 페이 니 츠 완판.	Wǒ péi nǐ chī wǎnfàn.
워 페이 니 츠 예시아오.	Wǒ péi nǐ chī yèxiāo.
워 페이 니 취 칸 삥.	Wǒ péi nǐ qù kàn bìng.
워 페이 니 취 꾸앙찌에.	Wǒ péi nǐ qù guàngjiē.
워 페이 니 취 칸 띠앤잉.	Wǒ péi nǐ qù kàn diànyǐng.

단어
陪 péi 같이 ~해 주다 / 晚饭 wǎnfàn 저녁밥 / 夜宵 yèxiāo 야식

'陪 péi'는 '모시다, 동반하다'라는 뜻의 동사입니다. '陪'의 겸어문 패턴은
'주어+陪+겸어+동사'이며, '주어가 겸어와 동사를 같이 해주다'라는 뜻입니다.

한자중국어	중국어로 말하기
我陪你吃晚饭。	같이 저녁밥 먹어 줄게.
我陪你吃夜宵。	같이 야식 먹어 줄게.
我陪你去看病。	같이 진찰받으러 가줄게.
我陪你去逛街。	같이 쇼핑 가 줄게.
我陪你去看电影。	같이 영화 보러 가 줄게.

단어
看病 kàn bìng 진찰받다 / 逛街 guàngjiē 쇼핑하다 / 电影 diànyǐng 영화

60 행복하시기를 빌어요!
祝你幸福。

祝你+내용 | 당신이 ~하기를 빌다

한글중국어	병음중국어
쭈 니 싱푸.	Zhù nǐ xìngfú.
쭈 니 하오윈.	Zhù nǐ hǎoyùn.
쭈 니 셩르 쿠아이르어.	Zhù nǐ shēngrì kuàilè.
쭈 니 뤼투 위쿠아이.	Zhù nǐ lǚtú yúkuài.
쭈 니 자오르 캉푸.	Zhù nǐ zǎorì kāngfù.

단어
祝 zhù 빌다, 바라다, 축원하다 / 幸福 xìngfú 행복(하다) / 好运 hǎoyùn 행운 / 生日 shēngrì 생일 / 快乐 kuàilè 즐겁다 / 旅途 lǚtú 여정, 여행 과정

'祝 zhù'는 '축복(祝福)'이라고 할 때 '빌 축(祝)'자이고, '빌다', 축원하다'라는 뜻의 동사입니다. 대부분 당신에게 축복의 말을 하기 때문에 '祝'의 겸어문 패턴은 '祝你+내용'이고, '당신이 ~하기를 빌다'라는 뜻이 됩니다.

한자중국어 ▶ 중국어로 말하기

祝你幸福。   행복하시기를 빌어요!

祝你好运。   행운을 빌어요!

祝你生日快乐。   생일 축하합니다!

祝你旅途愉快。   즐거운 여행 되세요!

祝你早日康复。   빨리 건강 회복하시기를 빌어요!

단어
愉快 yúkuài 즐겁다, 유쾌하다 / 早日 zǎorì 하루 빨리, 일찍이
康复 kāngfù 건강을 회복하다 * 恢复健康 huīfù jiànkāng의 줄임말

부록

衣의 食식 住주 필수단어 모음

[食식] 필수단어

마실 것

饮料	인리아오	yǐnliào	음료
水	쑤이	shuǐ	물
汽水	치쑤이	qìshuǐ	사이다
矿泉水	쿠앙취앤쑤이	kuàngquánshuǐ	광천수, 생수
可乐	크어르어	kělè	콜라
雪碧	쉬에삐	xuěbì	스프라이트
芬达	쩐다	fēndá	환타
果汁	구오쯔	guǒzhī	주스
橙汁	엉쯔	chéngzhī	오렌지주스
奶茶	나이챠	nǎichá	밀크티
牛奶	니우나이	niúnǎi	우유
茶	챠	chá	차
绿茶	뤼챠	lǜchá	녹차
红茶	홍챠	hóngchá	홍차

乌龙茶	우롱챠	wūlóngchá	우롱차
花茶	후아챠	huāchá	화차
咖啡	카페이	kāfēi	커피
美式咖啡	메이쓰카페이	měishìkāfēi	아메리카노
拿铁	나티에	nátiě	라떼
卡布奇诺	카뿌치누오	kǎbùqínuò	카푸치노
摩卡	모카	mókǎ	모카

과일

苹果	핑구오	píngguǒ	사과
梨	리	lí	배
葡萄	푸타오	pútao	포도
樱桃	잉타오	yīngtao	앵두
芒果	망구오	mángguǒ	망고
西瓜	시구아	xīguā	수박

甜瓜	티앤구아	tiánguā	참외. 멜론
香蕉	시앙찌아오	xiāngjiāo	바나나
猕猴桃/奇异果	미허우타오/치이구오	míhóutáo/qíyìguǒ	키위
菠萝	뽀루오	bōluó	파인애플
草莓	차오메이	cǎoméi	딸기
蓝莓	란메이	lánméi	블루베리
柿子	쓰즈	shìzi	감
桃子	타오즈	táozi	복숭아
橘子(桔子)	쥐즈	júzi	귤
橙子	쳥즈	chéngzi	오렌지
椰子	얘즈	yēzi	야자. 코코넛
柠檬	닝멍	níngméng	레몬
枣	자오	zǎo	대추
栗子	리즈	lìzi	밤

채소

生菜	셩차이	shēngcài	상추
白菜	바이차이	báicài	배추
韭菜	지우차이	jiǔcài	부추
菠菜	뽀차이	bōcài	시금치
生姜	셩찌앙	shēngjiāng	생강
辣椒	라찌아오	làjiāo	고추
大蒜	따수안	dàsuàn	마늘
葱	총	cōng	파
洋葱	양총	yángcōng	양파
蘑菇	모꾸	mógu	버섯
豆腐	떠우푸	dòufu	두부
豆芽	떠우야	dòuyá	콩나물
茄子	치에즈	qiézi	가지
南瓜	난꾸아	nánguā	(노란색) 호박

西葫芦	시후루	xīhúlu	호박
黄瓜	후앙구아	huángguā	오이
土豆	투떠우	tǔdòu	감자
红薯/地瓜	홍슈/띠구아	hóngshǔ/dìguā	고구마
西红柿/番茄	시홍쓰/ 퐌치에	xīhóngshì/ fānqié	토마토
萝卜	루오뽀	luóbo	무
胡萝卜	후루오뽀	húluóbo	당근

요리

中餐	쫑찬	zhōngcān	**중국요리**
火锅	후오꾸오	huǒguō	훠궈 *중국식 샤브샤브
羊肉串(儿)	양러우쭤알	yángròuchuànr	양꼬치
烤鸭	카오야	kǎoyā	오리구이
西红柿鸡蛋汤	시홍쓰찌딴탕	xīhóngshì jīdàntāng	토마토 계란국
辣子鸡	라즈찌	làzijī	라조기 튀긴 닭고기를 여러 야채와 함께 볶은 중국요리

麻辣烫	마라탕	málàtàng	마라탕 쓰촨 스타일의 샤브샤브
锅包肉	꾸오바오러우	guōbāoròu	꿔바러우 감자 전분으로 튀김옷을 입힌 돼지고기에 새콤달콤한 소스를 묻힌 요리
鱼香肉丝	위시앙러우쓰	yúxiāngròusī	위샹러우쓰 돼지고기를 실처럼 가늘게 썰어 죽순, 목이버섯, 잘게 썬 파, 생강 등 야채와 각종 양념을 넣고 볶은 요리
麻婆豆腐	마포떠우푸	mápódòufu	마파두부 간장과 각종 양념을 기름에 볶다가 깍두기 모양으로 썬 연두부를 넣고 마지막에 전분으로 걸쭉하게 끓이는 요리
宫保鸡丁	꿍바오찌띵	gōngbǎojīdīng	궁바오지딩 닭고기와 땅콩, 고추, 오이, 당근, 양파, 생강 등을 넣고 볶은 요리
京酱肉丝	찡지앙러우쓰	jīngjiàngròusī	징장러우쓰 춘장에 돼지고기 채 썬 것을 볶은 후 파채와 함께 두부피에 싸먹는 요리
香菇油菜	시앙구요우차이	xiānggūyóucài	샹구요우차이 청경채 버섯 볶음 요리
韩餐	한찬	háncān	**한국요리**
烤肉	카오러우	kǎoròu	불고기, 고기구이
石锅拌饭	쓰꾸오빤판	shíguōbànfàn	돌솥비빔밥
海苔/紫菜	하이타이/즈차이	hǎitái/zǐcài	김
紫菜包饭	즈차이빠오판	zǐcàibāofàn	김밥
大酱汤	따찌앙탕	dàjiàngtāng	된장찌개

日餐	르찬	rìcān	**일본요리**
味噌汤	웨이쳥탕	wèichēngtāng	미소시루
猪排饭	쭈파이빤	zhūpáifàn	가스돈
章鱼烧	짱위샤오	zhāngyúshāo	다코야키
寿司	셔우쓰	shòusī	초밥
生鱼片	셩위피앤	shēngyúpiàn	생선회
西餐	시찬	xīcān	**양식. 서양요리**
比萨	비싸	bǐsà	피자
汉堡包	한바오빠오	hànbǎobāo	햄버거
意大利面	이따리미앤	yìdàlìmiàn	파스타. 스파게티
牛排	니우파이	niúpái	소갈비. 스테이크
三明治	싼밍쯔	sānmíngzhì	샌드위치
吐司	투쓰	tǔsī	토스트
奶酪/芝士	나이라오/쯔쓰	nǎilào/zhīshì	치즈

火腿	후오투이	huǒtuǐ	햄
香肠	시앙챵	xiāngcháng	소시지